见证交通改革

JIAN ZHENG JIAO TONG GAI GE

鲁勤智 著

人民交通出版社
China Communications Press

内 容 提 要

这本文集，收录了鲁勤智同志在我国交通改革起始阶段撰写的有关改革的文章、讲稿和调研报告等。阐述了政府交通部门的职能转变和行业管理问题，下放企业和企业承包经营责任制问题，建立和培育运输市场、形成有序的竞争机制问题，调整交通运输结构、优化交通运输布局、形成综合运输体系问题，改善和提高交通运输的装备水平问题……

20 多年过去了，我国交通运输的改革和发展，已进入了一个崭新阶段，文章中所针对的情况，许多已时过境迁，但它从一个侧面，真实地记录了当时的现实和认知水平，反映了交通改革在认识上的转变和发展过程，具有一定的史料价值。

图书在版编目(CIP)数据

见证交通改革/鲁勤智著. —北京：人民交通出版社，2013. 11

ISBN 978-7-114-10902-7

Ⅰ. ①见… Ⅱ. ①鲁… Ⅲ. ①交通运输业 - 经济体制改革 - 中国 - 文集 Ⅳ. ①F512. 1 - 53

中国版本图书馆 CIP 数据核字(2013)第 223297 号

书　　名: 见证交通改革
著 作 者: 鲁勤智
责任编辑: 刘永芬
出版发行: 人民交通出版社
地　　址: (100011) 北京市朝阳区安定门外外馆斜街 3 号
网　　址: http://www.ccpress.com.cn
销售电话: (010)59757973
总 经 销: 人民交通出版社发行部
经　　销: 各地新华书店
印　　刷: 化学工业出版社印刷厂
开　　本: 720 × 960　1/16
印　　张: 11. 25
字　　数: 145 千
版　　次: 2013 年 11 月　第 1 版
印　　次: 2013 年 11 月　第 1 次印刷
书　　号: ISBN 978-7-114-10902-7
定　　价: 25. 00 元

前　言

1975年交通部恢复了政策研究室建制，初期设在办公厅，机关机构调整后，成为政策法规司的一部分。我是政研室恢复时的成员之一，从参与到主管政研室工作，前后17年。

在这个17年的时段里，正是我国交通改革的起始时期。交通部门一方面要为整个国民经济的改革和发展提供交通运输支持，同时，要对自身进行改革，任务十分艰巨。交通行业既是国民经济中重要组成部分，又是一个具有很多特殊性的部门，点多、线长、流动、分散。在长期计划经济影响下，形成的思想观念、组织结构、体制模式、领导方法、工作习惯等，问题很多，面对汹涌而来的改革浪潮，不改革将难以为继，但这却是一个非常艰难的转变过程。

由于工作岗位的关系，我有幸能够比较多地聆听领导对有关问题的讨论和决策，也有较多机会接触身处改革第一线的地方交通部门领导和交通职工，亲身感受他们对改革的思考、焦虑和苦恼以及在艰难探索中取得的成绩和经验。在此期间我与政研室同志们一起，承担了部领导交办的一些文字工作，同时还为新闻单位撰写了一些文章，现将部分与改革有关的文章汇集成册，以求作为资料留存。

几十年过去了，我国交通改革已进入一个崭新的阶段，我国交通运输的规模和服务深度，已基本上摆脱了“滞后”的状况，在一些方面似乎已出现“适度”超前的可喜局面。现在回过头来看，过去写的一些文章，其中很多论述尚显幼稚、粗浅乃至有不少错误，但它却真实地反映了当时的认识水平，可以从一个侧面领略到我国交通改革在认识上经历的艰难过程。

在我重新阅读这些文章的时候，往日的领导、同事和友人，他们的言谈举止、音容笑貌，不时浮现在眼前，特借此机会，表达我对他们真诚的怀念。

目　　录

振兴我国水运事业需要研究解决的几个问题

党的十二大确定了我国在本世纪末工农业年总产值翻两番的经济发展战略目标，并把交通运输列为战略重点之一。水路运输在我国五种运输方式中，占有十分重要的位置。根据十二大确定的宏伟战略目标的要求，我国水运事业必须有一个较大的振兴。水运建设是个综合性的事业，涉及面很广。当前，有几个问题，需要进一步研究解决。

一、要重视水运，充分利用水运

充分利用我国优越的水资源，发展水运，对完善我国的综合交通运输网，改变交通运输的落后面貌，提高交通运输在国民经济发展中的适应能力，具有十分重要的意义。

我国水运的自然条件和历史基础都很好，有18000多公里的海岸线，优良港湾很多；有天然河流5800多条，总长达43万公里。长江、黄河、淮河、珠江等几大水系的干流，从内陆由西向东，蜿蜒数千里；其支流多为南北走向，形成干支纵横的天然布局，具有发展水运的十分优越的自然条件。自古以来，我国就是一个航运发达的国家。早在战国时期，就已开凿人工运河。著名的京杭大运河，经过隋、元两代的开发，沟通了钱塘江、长江、淮河、黄河和海河五大水系。江南的漕运，唐朝时曾直达洛阳。在这样好的自然条件和历史基础上，经过若干年的努力，把我国建设成为一个江海直达、水系相通、干支相连的水运发达国家，是完全可能的。

水运是以水载舟，以天然水道为航线，与其他运输方式相比较，具有以下几方面的长处：一是投资省、成本低。平原和丘陵地区建设单线铁路，每公里投资为120万~200万元；而开发西江，平均每公里约为27万元。以交通部几个直属水运企业的运输成本与铁路运输成本相比较，水运有逐渐降低的趋势：以铁路成本为100，1965年水运为101，1970年为83.7，1975年为85.2，1979年为77.3。二是运量大。海运只要港口条件适应，航道的航行密度完全可以随着船舶的增加而增加，几乎不受限制，这是其他运输方式无法相比的。内河干线航道的通过能力，一般也高于铁路。如苏北大运河经扩建后，货运通过能力可达到4000万吨，相当于一条复线铁路。三是占地少。建设水运，可以利用原有河道，占用的土地比建铁路、公路少得多，有些裁弯取直的改造工程，还可以增加可耕土地和养殖水面。在我国可耕地面积较少的情况下，水运建设的这个长处是十分重要的。四是耗能省。我国近几年来各种运输方式燃料平均消费量的比值大体是：如以管道为1，则水运为1.25，铁路为1.67，汽车为5。根据国外资料测算，每1000换算吨公里，消耗标准燃料：河运35公斤，铁路66公斤，汽车140公斤，航空700公斤。此外，水运还是外贸运输主要通道，我国90%以上的外贸运输，要依靠水运来完成。

由于水运具有以上优点，世界上各工业发达国家，都十分重视水运事业建设。从世界各国交通运输的发展过程来看，在很长的历史时期内，水运占着统治地位；虽然中间由于铁路、公路、航空等运输方式的兴起有所变化，但仍不失为重要的运输方式。自20世纪60年代以来，水运又进入了一个新的发展阶段，现代化的科学技术成果，广泛应用于水运事业，使这古老的运输方式出现了一个新的局面。在这个阶段内，其特点是，各国都在寻求建立一个多种运输方式相互协调、互为补充的现代化的综合运输体系，使各种运输方式，根据各自的特点，取长补短，协调发展，以求形成最佳的综合运输能力。国外交通运输的这个发展过程和趋势，很值得我们借鉴。

从我国当前的情况来看，交通运输还很落后，不能适应国民经济发展的需要。正如胡耀邦同志在党的十二大的报告中所指出的，交通运输已成为制约我国经济发展的重要因素之一。当前交通运输的紧张状况，突出反映在三个方面：一是能源运输紧张；二是不能适应外贸运输的需要；三是客运能力大大低于旅客流量。解决这三个突出矛盾，是我国整个交通运输系统的共同任务。目前，铁路运输已十分紧张，必须充分重视发挥水运的作用，为了适应外贸发展的需要，必须加速港口建设，提高港口的通过能力和发展我国远洋运输船队；为了解决西煤东运、北煤南调，必须积极开发、利用沿海的南北航线和长江、淮河、西江以及京杭运河的航运，提高运输能力，以减轻铁路的压力。

在开发、利用水运时，当前迫切需要进一步调整整个交通运输的经济结构和经济政策，改革管理体制。

要在交通运输建设上切实贯彻宜水则水的原则。现在，有些地方水运条件很好，但却忽视利用水运，往往平行修建铁路，形成人为的弃水走陆，造成资金和运力的浪费。国家在对待铁路和水运的投资政策上，铁路建设由国家投资，地方内河水运建设由地方投资，其结果是各地纷纷争修铁路。如解决湘东铁矿外运，本来投资 800 万元整治洣水就可解决问题，却花了8000万元修了一条铁路。由于货源少，年年亏损，而洣水原有的船舶因无货可运，被迫外流。

要认真解决好水资源的综合治理、综合利用。中央领导在《当前的经济形势和今后经济建设的方针》中指出："水是一种极为重要的资源，必须同整个国土的整治结合起来，对全国的水资源进行全面的调查和勘察，作出合理利用的规划。"水资源的利用，涉及各个方面，往往容易发生从各自的需要出发，兴此废彼。这样不仅对当前国民经济造成损害，有的甚至可能造成历史的遗患。现在全国通航河流上，碍航闸坝已达2000多座，四川省著名的涪江，原通航里程有500公里，现在被闸坝截成六段，成了一条断航河流。湖南的涟水，1962年货运量曾达到110万吨，1966年修建韶山灌渠，引走水源，致使下游成了一条干河。为了更好地解决这个问题，迫切需要有一个统一的领导机构，对水资源进行统一规划，综合治理，综合利用。

要改善我国的工业布局，在经济合理的情况下，尽量沿水设厂，以充分利用水运。交通运输的劳动对象是货源，没有货源，交通运输的“位移”职能就失去前提。我国目前的工业布局很不合理，这是造成水运不能充分发挥作用的重要原因之一。另外，有些厂矿就坐落在江、海之滨，水运条件很好，但往往也弃水走陆。形成这种情况的原因很多，要解决这个问题，首先，水运部门要改善自身的经营管理，提高服务质量，降低运输成本，使水运真正成为价廉、优质、方便的运输方式；同时要加强水运建设，改善水运条件，使水运连接成网，减少中转环节，提高水运的适应能力。其次，工业布局一定要经济、合理，与此同时，国家还应制订必要的经济政策，并辅以适当的行政干预，鼓励厂矿企业充分利用水运。

二、要加强水运基础设施的建设

我国水运事业，经过几十年的建设，已经有了一些基础。远洋运输船队，从无到有，已具有相当规模，除了承担我国的外贸运输任务外，并开始进入国际航运市场，承揽第三国货载。沿海和内河船舶，在数量和质量上也都有较大发展。港口建设，自1973年周恩来同志提出“改变港口落后面貌”后，较快地建成了一批深水泊位。内河航道现有通航里程近11万公里，比建国初期增长50%左右。为运输服务和与港航相配套的水运工业、水运基建能力、通讯导航、救助打捞、水运科研以及为水运培养技术力量的专业院校，都有很大发展。我国水上运输，可以说已经形成了一个以港航为中心的初具规模的体系。

但是，我国水运，不论是发展规模和发展速度以及形成的综合能力，仍不能适应国民经济发展的需要。根据党的十二大提出的经济发展目标测算，运量将会有更大的增长，运输能力和运量之间的矛盾，将会进一步加剧。目前特别需要重视和必须解决的一个问题是，水运自身的结构不合理，主要是港口、航道等基础设施的建设跟不上。在水运的多种矛盾中，相对而言，基础设施的落后状况尤为突出。随着水上运输机械化、现代化程度的提高，对港口、航道都提出了很多新的要求，不加强这些基础设施的建设，水运能力就不可能得到充分发挥，更难以进一步发展。

我国沿海现有港口和拥有的泊位都比较少。大中小港口总共只有 158 个（其中年吞吐量 10 万吨以上的只有 58 个），平均 202 公里海岸线才有一个港口：共拥有码头泊位 921 个（其中万吨级以上的只有 147 个），平均每千公里海岸线只有泊位 25 个（其中深水泊位只有 5 个），不仅大大落后于世界上工业发达国家，也不能适应我国国民经济发展的需要。1972 年以来，我国通过港口的外贸运量增长了 175%，而在同一时期内，港口通过能力只增长了 98%。目前我国的港口利用率大大高于世界的平均水平，港口的吞吐量一般均已超过设计能力，但仍经常出现严重压船压货的情况，甚至多次造成严重的港口堵塞。随着我国对外贸易的发展，如不迅速改变港口少、码头泊位不足的情况，港口堵塞的严重程度将会有增无减。

我国内河航道建设，在建国后的十几年内，曾有过较快的发展，20 世纪 60 年代初通航里程曾达到近 17 万公里，增长了一倍多。从 60 年代中期以后，则出现萎缩趋势。由于自然淤积、闸坝碍航等原因，航道日渐缩短。据 1980 年普查统计，通航里程已缩短到 10.7 万公里，减少了三分之一。由于航道缩短，通航条件变坏，内河水运量在社会总运量中的比重不断下降，内河航运企业大量出现亏损。

为了加强水运基础设施的建设，必须继续贯彻两条腿走路的方针。港口建设要大、中、小相结合。我国目前的港口布局很不合理，苏北有1000多公里海岸线，只有一个港口；闽江口以北1000多公里海岸线，也只有一个港口。这种状况，不仅严重影响有关省、市的水上运输，同时也增加了大港的拥挤局面。因此，既要重视大港口和深水泊位的建设，同时也要加强中、小港口的规划和建设。除了要建造固定泊位外，在长江下游和沿海有水转水条件的港口，还应继续大力发展水上过驳作业。在内河航道建设上，干线和支线要统筹安排。以干线建设为重点，但支流航道的维护和改善也不能忽视，只有提高支流集散物资的能力，才能使干线运输得到更好的发展。在港口和航道的建设上，要抓主体工程同配套工程的同步建设，使其能够形成综合通过能力。

切实抓好水运基础设施建设的规划和建设的前期工作。水运基础设施的建设周期长，是一项长期的历史任务。一个港口深水泊位的建设，从选点、勘察、进行各种经济技术论证到设计施工，组织各种配套，实现投产，根据我国近几年的情况，平均周期需3~5年；要完成一个新港口的建设，时间则更长；至于根据我国经济发展和自然条件，实现大、中、小港口的合理布局，那将更是一个长期的任务。内河水运建设，要能达到江海相连，干支直达，水系相通，必须进行标准渠化，开挖人工运河；实现这个目标，则需要若干代人的劳动积累。世界上工业发达国家，现在内河水运达到的水平，一般都是经过几十年到一百多年的建设才逐步完成的。美国的密西西比河，从1824年开始，经过150多年的建设，才实现了统一标准的航道网，运量达到4亿吨。欧洲的莱茵河，从3000万吨达到现在的3亿吨左右货运量，经过了80年的建设。根据水运基础设施建设的这个特点，我们必须要有一个较长时期的建设规划；通过规划，综合协调水运与各方面的关系，提出不同时期内，水运发展的方向、规模和速度。改变过去那种头痛医头，脚痛医脚，左右不相协调，前后不相衔接的局面。根据党的十二大提出的经济发展的战略部署，交通运输是前十年就应加强建设的战略重点，以便为后十年的经济振兴打好基础。按此要求，水运建设更应加快速度。水运基础设施的建设，时间已十分紧迫，必须在长远规划的基础上，抓住重点，分批实施。特别是要提前抓好水运基础设施建设的前期工作。多年来，水运建设经常出现仓促上马的情况，后遗症十分严重，严重影响投资效益。我国现在一方面港口泊位紧张，另一方面还有少数新建的现代化水平较高的泊位，处于闲置状态。其主要原因，是对建设的前期工作重视不够，缺乏系统的可行性研究，经济技术论证不扎实。这种情况，必须改变。

要调动各方面的积极性，广开资金来源。水运基础设施建设，投资数量大、回收慢，主要港口和干线航道，其经济腹地和流域大都是跨省、市的，因此，必须是国家统一规划、统一建设、统一投资。但同时要调动各方面的积极性，广开财源，共同努力，加强港口和内河航道的建设。港口应实行分级管理，分级建设。中、小港口在国家统一规划下，管理由各地负责，资金主要由地方筹集。鼓励货主单位建设专用码头，在统一的行政管理下，实行谁建、谁管、谁受益。省、市、自治区内的航道，主要由各地区负责建设。为了使港口、内河航道的建设和维护，能有一个稳定的资金来源，要采取一些措施，逐步建立改造维护港口、航道的基金，实行以港养港，以河养河的办法。

加强水运基础设施的建设，是从根本上改变交通运输与国民经济不相适应的一个重要措施。由于水运基础设施的建设周期长、投资大、见效慢，所以，必须强调在扩大水运基础设施的同时，大力加强对现有水运基础设施的技术改造，充分挖掘现有港口、航道的潜力。

根据我国水运的现实情况，在进行水运企业的技术改造时，首先要搞好技术改造规划，要有明确的方向、重点和目标，不能零敲碎打。目前，重点要放在解决煤炭、外贸、旅客运输三个突出问题上。因为这三个问题，不仅是当前运输紧张的突出问题，也是今后相当长一段时间内需要解决的重大问题。其次，要对现有港口、库场、船舶、航道、机械等各个方面的能力进行综合平衡，找出薄弱环节，拟订技术改造的方案和措施，并认真地予以实施，以提高水运的适应性。就港口来说，一是要改建各种专业化码头，二是要抓好现有装卸机械的更新改造。要针对当前接卸散粮和进口木材能力严重不足的情况，增加新设备，引进新技术，改革装卸工艺，提高接卸能力。就内河航运来说，当前主要是要充分利用现有的航道，并适当进行疏浚整治，改善通航条件，提高内河运输的能力。对于一些重要河流的碍航闸坝，要根据运输的需要和条件，有重点地分期分批解决。

三、要从宏观方面研究提高水运的社会经济效益

近几年来，交通运输战线随着各种形式经济责任制的建立，企业普遍重视了经营管理，经济效益有显著提高。但是，不论在认识和实际工作上，都还存在不少问题。提高交通运输经济效益，首先要把交通运输的发展方向、发展重点和计划安排抓好；宏观决策的正确，是取得最大经济效益的关键。同时，要搞好企业整顿和技术改造。根据交通运输的特点，它的经济效益，要体现三方面要求：一是要从国民经济全局出发，把取得宏观经济效益放在首位；二是水运作为五种运输方式之一，必须重视各种交通运输方式之间的协作和配合，取得运输经济的综合经济效益；三是企业以最少的活劳动和物质消耗取得最佳的经济效益。只有把这三方面的效益统一起来，才能真正体现社会主义交通运输的性质及其优越性，才能更好地发挥交通运输在国民经济全局中的作用，同时也才能更有利于交通运输事业本身的发展。

交通运输是个特殊的物质生产部门，同时又是为社会服务的部门，它是社会生产过程和流通过程中的纽带。根据交通运输的这种性质和特点，必须把为国民经济服务、与国民经济的发展相适应，作为运输经营和水运

建设的根本指导思想。在运输经营上，必须坚持以计划经济为主、市场调节为辅的原则，服从国家的计划安排，确保外贸、能源等重点物资和旅客的运输。目前，在煤炭运输上，部分线路有亏损情况，但煤运对国民经济全局的经济效益影响很大，据测算，在国内如减少供应标准煤1万吨，就将影响国民经济产值1200万元，影响利税300万元。要算国民经济的大账，绝不能利大大干，利小小干，无利不干。要牢固树立为货主、旅客服务的观点，改善服务态度，提高服务质量。对货损货差，不能只算运输单位的直接损失，还应计算由此而引起的社会经济损失。为了更好地为国民经济和人民生活服务，交通运输必须加强对经济信息的调查研究，以便根据我国经济结构所发生的深刻变化而在货源、货种、货物流向等方面出现的新情况，适时地调整运力、机具和劳动组织，以保证国民经济发展和人民生活的需要。在水运建设上，要根据整个国民经济的发展规划，从需要和可能出发，分别轻重缓急、先后主次，妥善地安排基建项目，缩短建设周期，提高投资效益。交通运输作为国民经济发展的基础设施，而且由于它具有生产过程和消费过程同时完成的属性，既不能调拨，也不能储存，在建设上先行一步，保持一定的设备余力，这是十分必要的。但也要注意与国民经济的发展水平相适应，防止使大量的资金滞积在效益不大或在较长一段时期内难以发挥效益的工程项目上。

改善水上运输与各种运输方式间和水运内部各部门之间的协作配合，提高运输经济的综合经济效益，克服部门之间、地区之间、企业之间的人为分割。水运受天然航道的限制，在很多情况下，难以实现直达运输，只有搞好与其他运输方式的协作配合，才有可能做到扬长避短。近几年来，一方面，水运与其他运输方式，开展水陆联运，有了较好发展，取得了很好的经济效果，要进一步总结推广这方面的经验。另一方面，由于多种因素的影响，水运受铁路、公路通过能力的限制，严重影响了水运本身的通过能力。近些年来，沿海港口多次出现堵塞局面，除船舶到港不均衡、港口库场储存力差外，重要的原因就在于铁路、公路通过能力受阻，给港口的疏运工作造成严重被动。因此，加强水运与铁路、公路等运输方式的协作配合，搞好同步建设，研究解决造成它们之间分割的原因，已成为摆在我们面前的一个重要课题。在水运内部也要加强协作配合。水运是由港口、船舶、航道、工厂等各个部门有机组合而成的，片面追求哪一个部门、哪一个企业的局部利益，不仅会造成全局的损失，而且最终也将影响各个局部的发展。水运经济的综合效益，集中反映在运输船舶是否能以最少的人力和物质消耗，完成最大的运量和周转量。实现这个要求，改善航运部门的经营管理是个重要的方面，但必须要有各方面的配合。船舶的营运率，在很大程度上取决于工厂修、造船的质量和修船的周期；航行率很大程度上取决于港口的装卸速度。目前我国船舶航行率比较低，主要是窝在两头：港口的装、卸跟不上。其中泊位不足是主要原因，但也有片面追求企业经济效益的因素。有些港口，一方面获取部分船舶的速遣费；另一方面又造成更多船舶的超期。从单个企业看，这些港口得到了一些经济利益，但从水运整体来看，损失很大。航运单位也要为港口提供条件，改善调度，争取实现船舶的均衡到港，同时要根据港口装卸条件的变化，通过改造、更新，使船型更加有利于装卸作业。

要把提高水运的社会经济效益与提高水运企业的经济效益结合起来，使国家、企业、职工个人三者利益得到兼顾。只有这样，才能更好地调动各方面的积极性，实现更好的社会经济效益。重视宏观方面的社会经济效益，绝不是说可以忽略微观经济。除个别情况外，企业经营的好坏，是实现社会经济效益的基础，两者是统一的。交通运输的“生产”与工农业生产相比，虽然有它自身的特点，但同样有投入和产出的问题，如何以最少的劳力和物资消耗，获得最大的经济效益，同样都是企业经营所要努力达到的目标。一定要通过整顿企业，加强领导班子和职工队伍的建设，改善经营管理，健全各种责任制，搞好企业技术改造和设备更新，提高劳动生产率，在更好地为整个国民经济服务的基础上，求得企业自身的发展。当前很重要的一个问题，是要认真研究和完善企业经济指标考核体系，使三者之间的利益在考核指标上得到比较完满的统一，既能体现国家对企业的要求，又能使企业在完成国家计划的条件下，对发展企业的生产，改善职工的生活具有一定的机动余地。

十二大提出了我国经济发展的宏伟目标，水上运输的任务更加繁重了，同时也为振兴我国水运事业，提供了更加广阔的领域。可以预见，我国的水运事业，通过调整、改革、整顿、提高，在全面开创社会主义现代化建设的新局面中，将会发挥更大的作用，得到更大的发展。

合作者：唐杰　付国民

《经济管理》1982 年 10 月

千车竞发　百舸争流
蓬勃发展中的我国公路水路运输

新中国成立35年来，我国的公路运输和海洋、内河水运，有了很大的发展，社会生产和人民生活的运输条件，有了很大的改善。多少偏僻闭塞的山区，如今已“高路入云端”，多少急流阻隔的江河，现在已“天堑变通途”。同全国大好形势一样，交通运输呈现出一派千车竞发，百舸争流的兴旺景象。

旧中国的公路运输是十分落后的，从1906年动工修建广西友谊关到龙州的公路算起，在将近半个世纪里，全国总共只修建公路13万公里，由于失修和战争的破坏到新中国成立初期仅存8万公里。新中国成立后，经过35年的建设，目前我国公路的总里程已达91万公里，增长了10倍多。我国已初步形成以北京为中心，连接各省、市、自治区，大、中城市，重要经济、能源基地，港、站枢纽，国防要塞的干线公路网。

公路的布局日趋合理。全国除西藏的墨脱外，已实现县县通公路，90%的乡通了汽车。新中国成立前西藏自治区1公里公路也没有，现在通车里程已达21000多公里，并有5条干线公路，分别通向四川、青海、云南、新疆和友好邻邦尼泊尔。

公路质量显著提高。全国铺有路面和晴雨通车的公路，约占公路总里程的三分之二以上。许多名川大河上建起了永久性桥梁，大大提高了车辆的通过能力。长达5000多公里的黄河，解放前只有一座清朝时期由外国营造公司承建的兰州黄河公路桥，仅能通过轻型车辆，这在旧中国已是一件了不起的工程，清政府为此专门立碑，以记其事。新中国成立后，黄河上已先后建成40座大桥，1982年建成的济南黄河公路桥，全长2000多米，宽近20米，其设计水平、通过能力、外部造型，都达到了国际先进水平。

随着公路的发展，公路的客货运量大幅度增长。1983年全国公路运输部门完成的货运量为1949年的10倍，客运量为1949年的187倍。公路运输的技术构成也发生了巨大的变化，大吨位、专业车辆，已占有一定比例，集装箱运输也有较大发展。

我国水运的自然条件十分优越，南北走向的海岸线有18000多公里，河流有5800多条，长达43万多公里，大小湖泊，星罗棋布。可是，这样优越的水运条件，却未能很好开发利用，新中国成立初期，内河通航里程仅有7万多公里，年货运量2000多万吨；远洋运输几乎是空白，外贸进出口运输，完全受制于人；沿海主要港口的深水泊位只有61个，吞吐量仅1400多万吨。新中国成立后，经过35年的建设，我国水运事业已面貌一新，初步形成了以港、航为中心的通讯导航，港监、船检，航务工程，修造船工业，海难救助，拖航、打捞，以及航行水域的环境保护等各项配套设施比较齐全的综合体系。

我国港口目前深水泊位已达154个，并拥有了一批石油、煤炭、矿石、木材、粮食以及集装箱等现代化的专业码头。原有的老码头普遍进行了改造和扩建，同时开辟建设了北仑、石臼所、张家港等一批新港。1983年我国主要港口的吞吐量已达到3亿5千多万吨，比1952年增长了14倍，仅上海港的吞吐量，即为新中国成立初期沿海主要港口吞吐量总和的6倍。

我国远洋运输船队，现在已有1000多万总载重吨的船舶，悬挂五星红旗的商船队，航行于世界100多个国家和地区，不仅结束了我国外贸进出口运输受制于人的被动局面，而且已具有一定的运力，承揽第三国货源。沿海运输也有很大发展，交通部门直属企业的年货运量已达6000多万吨，成为我国南北大宗物资运输的动脉。

内河运输，从20世纪50年代起开始整治川江，这里是号称天险的长江三峡，滩多流急，有些地段和滩头，被人们称为是“鬼门关”、“白骨滩”自古以来，木帆船通过这里，都是靠船工背纤缓行，有首船工号子唱道：“抬头一线天，低头嘴啃泥，一步一个窠，步步有血迹。”经过炸礁疏导，设置航标，终于实现了昼夜通航。目前，长江干线年货运量已达5000多万吨，为新中国成立初期全国内河年货运总量的2.5倍。京杭运河、淮河、珠江、黑龙江等水系的航道，也都进行了不同程度的渠化和疏浚工程，使我国目前的内河航道比新中国成立初期增长了48%。内河船舶的技术状态和港口设施也有较大的改善。

新中国成立35年来，我国交通运输的发展，先后经历了几个质的飞跃阶段：1952年前，主要是完成恢复任务；1953年后，在完成“三大改造”的基础上，随着整个国民经济的发展，交通运输进入了全面的有计划的发展阶段；20世纪70年代后，从远洋船队和港口建设起步，开始了我国交通运输现代化的发展进程。在这些阶段，我国交通运输所取得的成绩，与原有基础相比是巨大的，但在发展过程中，也曾有过不少的挫折和失误。党的十一届三中全会以后，我国交通运输事业进入了一个开创新局面的时期。它的主要标志是：在三中全会以来的路线、方针、政策和十二大纲领的指引下，端正了思想路线，总结了经验教训，开始深入探索如何从中国的实际情况出发，创出一条有中国特色的社会主义的交通运输发展道路，努力把交通运输搞通、搞活、搞上去，做到“货畅其流，人便于行”，更好地为我国四化建设服务。经过几年来的努力，交通运输开始出现了崭新的面貌。

根据我国交通运输具有多层次、多形式、多渠道的特点，立志改革、放宽搞活，进一步调动了各方面发展交通运输事业的积极性。

实行多家经营，鼓励竞争，支持各行业、各地区、国营、集体、个人一起上，大大促进了我国农村运输业的发展。目前全国个体或联户经营客、货运输的汽车约有 9 万辆，小型船舶约有 15000 条，另外还有大量拖拉机投入了短途运输。这些运输力量投入营运后，大大缓解了农村客、货运输的紧张状况，有利于促进农村的社会分工和商品经济的发展，扩大了富民的途径，同时也促进国营和集体运输业改进经营管理和服务质量。现在，这些个体运输，已开始出现向新的联合体过渡。可以预计，以国营运输业为主体、集体运输业为辅助、个体运输业为补充的多种形式的运输大军，将使我国的农村运输，能够更好地适应商品经济发展的多种需求。

长期以来，由于多种原因，我国交通运输存在着人为分割状况，地区间不能互通，干支间不能直达，水域间不能互航，严重地影响运输经济的经济效益。三中全会以后，这种情况有了很大的改变，公路和水运实现了合理的直达运输。由于打破了部门所有和地区分割，部门之间、地区之间、各种形式的联营和联运迅速发展。各个有条件的省、市、自治区和航运部门，先后建立起地区的远洋运输船队。

在上述改革的同时，交通部门还着手进行了政企分开的试点和扩大企业自主权的工作。企业内部的经济责任制，正在逐步的完善。

进一步加强了交通运输基础设施建设，交通运输的结构和布局有了显著改善，交通运输的能力有了更大的提高。

在公路建设方面，“六五”前三年除各省、市、自治区继续修建了一批公路和县社道路外，国家重点抓了 10 万公里干线公路网的建设，改造繁忙路段，接通断头路，修建疏港和能源基地道路。并建成了北京到密云、沈阳到抚顺、南京到六合等一批一级公路，还着手进行北京到塘沽、沈阳到大连、广州到深圳等一级公路和高速公路的前期工作。

在港口建设方面，“六五”前三年，建成投产的深水泊位已有 13 个，连同建成的中、小泊位，共新增吞吐能力 4000 多万吨。港口的布局有了很大的改善，除开辟、新建一批新港外，老港的改造和扩建也有很大的突破。上海港已跳出黄浦江两岸，着手在南北两翼的罗泾和金山嘴地区，规划建设新港区；大连港扩大到大窑湾建设新港区；连云港的苗岭新港区已于1982年开工建设，并开始规划建设西大堤；黄埔港也已扩大到墩头至新沙地区。这些突破，为我国港口在2000年内的进一步建设，打下了基础。

在内河航道建设方面，20世纪80年代后，除重点加强了长江、京杭运河的建设外，先后开始了昌江渠化工程、湘江航道工程、钱塘江沟通工程等。连接广东、广西、贵州的西江航道，也已完成了前期准备工作，即将开工兴建。

依靠技术进步，加速了交通运输现代化建设的进程。

根据经济建设必须依靠技术进步，科学技术必须面向经济建设的方针，几年来交通运输系统的科学技术工作有了很大的进步，交通运输现代化水平有了进一步的提高。港口、公路等方面新建了一批技术上比较先进的现代化项目，老企业的技术改造，日益深化，集装箱和分解驳顶推运输，在运量中的比重不断增大。交通运输的管理水平，有了进一步改善，系统工程、目标管理、网络技术以及小型计算机的应用，使交通运输的协调发展和综合能力有明显提高。智力开发工作也有进一步加强，除学校教育外，职工培训工作迅速发展，已成为多出人才、出好人才的重要途径。

35年来，我国交通运输所取得的成绩是巨大的。但是，随着国民经济的发展，我国的公路运输和水运，目前仍然是一个薄弱环节，建设任务任重而道远。我们一定要在党中央和国务院的领导下，遵循三中全会以来的路线、方针、政策，为实现十二大提出的“开创社会主义现代化建设的新局面”，继续不懈努力。时刻想着国家的全局，全心全意为人民服务，特别要抓好前十年的基础工作，坚定不移地沿着改革的道路，进一步放宽搞活，充分调动各方面的积极性，不断完善水、陆运输的综合体系，大力提高水陆运输的现代化水平，切实保障在实现“翻两番”的战略目标中，发挥交通运输的先行作用。

《中国交通报》1984年9月

交通运输行业管理初议

《中共中央关于制定国民经济和社会发展第七个五年计划的建议》中指出："专业性经济管理部门要从具体管理直属企业的生产经营转向搞好全行业的管理。"

我国政府的交通部门，是专业性经济管理部门，分管公路运输和水上运输，必须遵循这个改革方向，加强行业管理，逐步实现管理职能的转变。

一、实行行业管理的出发点

交通运输在国民经济的再生产中，是流通领域的生产部门。它的劳动对象是社会上需要运输的货物和旅客；它的劳动产品是货物和旅客在空间的位移。车船的经营运行必须与社会上提供的货物和旅客相结合，才能形成具有实际经济效益的吨公里、人公里或港口装卸的吞吐量。它的生产场所是沿着一定的线路运行，流动分散，点多线长，活动范围大，生产环节多，社会性很强。交通运输的这种性质和特点，是交通运输行业经济区别于其他经济部门的内在依据，也是进行行业经济研究和必须实行行业管理的出发点。

党的十一届三中全会以来，我国商品经济有了很大发展，商品流通量加大，流通周期加速，特别是随着乡镇工业的蓬勃兴起，人民生活不断提高，中短途客货运量大幅度增长，运输能力和需求之间的矛盾日趋突出，单纯依靠交通部门专业运输力量已不能满足经济建设和社会发展的需要，必须发挥各方面的积极性，加速运输能力的发展。在这种经济形势的推动下，近几年来，各经济部门和社会团体、个人或联户从事营运的车船，迅速增加。据不完全统计，目前全国个体或联户从事营运的汽车约有29万辆，船舶约有23万条。这种发展，带来了一个新的情况，就是原有的运输结构发生了很大的变化，交通运输部门专业营运车船的保有量，从绝对数上看比之过去虽然也有一些增长，但相对比例却有很大程度的下降。交通部门对这些大量存在和发展的社会各方面的运输力量，一方面必须充分重视，在发挥交通部门专业运输骨干作用的同时，更好地发挥各种运输力量的作用；另一方面，对这些迅速增长的运输力量，迫切需要加强宏观方面的指导、调节和协调，使其各得其所，相互配合，更好地形成综合运输能力。这种客观形势，要求政府交通部门必须在管理体制上进行改革，在管理范围上，要从过去主要抓直属企业转向抓好全行业管理；在管理方式上，要从直接管企业的具体生产经营，转向从宏观经济方面进行间接控制。

二、行业管理的目标和任务

我国现阶段的交通运输业在隶属关系上是多层次分管的；在经济性质上是多种所有制并存的；在经营方式上是多渠道的。各级政府交通部门分别管理着一批交通运输企业，在这些企业中，既有全民所有制的，也有集体所有制的，同时还存在大量的个体运输和一些新型的运输联合体；交通部门直接管理着一批运输企业，各个经济部门和社会团体也拥有一批运输企业；运输手段和管理水平更是千差万别。各种运输力量的存在和发展，反映着我国当前生产力的水平，是客观的需要，它们都有着各自的地位和作用，都是我国交通运输行业不可缺少的一个组成部分，都应该是交通运输行业管理的范围。

交通运输行业管理的基本目标和任务，就是要使交通运输最大限度地适应国民经济的发展和人民生活的需要，做到“货畅其流，人便于行”，不仅要完成一定的客货运输量，而且要确保运输质量和交通安全。实现这个目标涉及交通运输能力的发展水平，这里仅从管理角度，谈谈应该争取达到的目标和任务。

第一，从宏观方面规划和指导交通运输行业经济的发展。通过对社会运量总需求的调查分析，在国家可能承受的财力，物力、人力的基础上，制定行业经济的发展规划，确定一定历史时期内交通运输的发展方向，发展重点、发展规模和发展速度。根据我国的自然条件和经济区的分布，合理调整我国的运输结构和布局，逐步形成相互衔接，协调配合、具有综合功能的交通运输网络。组织实施重大的建设项目和科技项目，不断提高我国交通运输的现代化水平。下达必要的指令性运输生产计划，以保证完成国家的重点物资、外贸物资以及各种特需物资的运输。

第二，协调交通运输内部的关系，争取实现最佳经济效益。交通运输的经济效益，大体上可分为三个层次，即社会经济效益、行业经济效益和企业经济效益。社会经济效益是指交通运输对整个国民经济发展所产生的功能，能不能适应经济建设和社会发展的需要，这是交通运输的根本任务，在任何情况下都必须把关系国民经济全局的社会效益放在首位。交通运输的行业经济效益，是指五种运输方式之间，每种运输方式内部各部门之间如何协调配合，提高综合运输能力。企业经济效益，是指企业各项经济技术指标完成的情况。它是前两个层次经济效益的基础，企业经济效益不好，其他效益就无从谈起。这三个层次的经济效益既有区别又有联系，既有统一的一面，又有矛盾的一面，是相互制约、相互依存的。如近几年来出现的压港问题，大量船舶等待靠泊作业，对港口企业来说，有了饱满的货源，可以择优装卸，经济效益是高的，面对国家的全局，对航运单位则损失很大。如何使三个层次的经济效益，都能处于最佳状况，必须做好统筹协调工作，这是进行行业管理重要的目标和任务之一。

为了协调好交通运输内部的关系，必须在调查研究的基础上，正确地制定有关的方针政策，指导各种运输方式，各个交通运输部门、各个运输企业，遵循共同的原则，把全局和局部经济效益结合起来，真正做到“大的管住、小的放活”，求得总体和各自的最佳经济效益。

第三，为交通运输发展提供良好的发展环境和发展条件。首先，要加强交通运输立法工作。交通运输涉及社会各个方面，联系着千家万户，而且内部的分工、配合、平衡、衔接十分复杂。为了保证运输线路的畅通，形成良好的运输市场，确保运输的安全和质量，单纯靠行政手段和一些临时性的应急措施是不够的，必须健全交通运输的法制，完善各项交通运输的法律、规章、条例以及相应的实施细则，把各种相互间的关系和行为，用法律的形式使之规范化，大家共同遵守。这样才能为交通运输事业的发展，提供一个良好的环境和条件。其次，要做好为发展交通运输事业的各项服务工作。主要是加强智力开发，提高交通运输队伍的文化和技术素质；加强科学技术工作，为交通运输的现代化提供先进的技术保障；搞好信息交流，为指导交通运输的发展提供各种定量定性的分析以及国内外的先进技术、管理经验。

三、行业管理的主体和管理手段

交通运输行业管理的主体是各级政府的交通部门。我国是社会主义国家，政府不仅执行着行政管理的职能，而且也执行着经济管理的职能。对国民经济进行统一决策、规划、组织、协调和管理，是社会主义经济制度优越于其他经济制度的根本体现。随着社会生产力的发展，社会生产规模越来越大，社会劳动分工越来越细，经济活动的联系越来越多，这种社会化的大生产，在客观上要求充分发挥政府机构管理经济的作用。目前，我国还是发展中国家，只有正确地发挥国家统一组织和领导经济的作用，才能更好地积聚有限的财力、物力、人力，保证全局的经济建设和社会发展战略目标的实现。各级政府的交通部门，是受国家的委托，行使管理交通运输行业的职能机构。

政府交通部门作为交通运输行业管理的主体，通过什么样的形式和手段进行行业管理，是个十分重要的问题。过去各级政府交通部门，比较习惯于对企业微观经济的直接控制，今后要逐步转向对宏观的行业经济的间接控制。在管理手段上要更好地把经济的、行政的、法律的手段综合运用。

交通部门在运用这些手段进行行业管理时，在管理层次和管理深度上，需要有所分工和区别。目前，我国交通部门行政领导层次大体是中央，省、市、自治区，地（市），县和乡五级。这五级行政部门，必须有明确的分工和职责范围。交通部和省、市、区交通厅（局），是实施行业经济管理的决策层次，一般不再直接管理企业，要以更多的精力，抓好行业经济的全面规划，完善交通运输法制，进行方针政策指导等。地（市）级交通行政部门，随着企业逐步下放到中心城市，担负着归口管理运输企业的职责，当然这种管理也不是过去那种直接指挥企业的具体生产经济活动，而是要指导企业搞活经济，协调企业之间的关系，及时解决企业有关问题，更好地为企业做好各项服务工作。县、乡的交通部门，是执行层次，主要是根据交通运输的全局规划和上级的方针政策，负责本地区交通运输任务的具体实施。对处在不同性质、不同层次、不同渠道的运输力量，在管理深度上也应有所区别，真正使行业管理既有其统一性，又能在局部上保证各种运输力量和各个运输企业具有生产经营的多样性、灵活性和进取性。

实现交通运输的行业管理，是交通运输体制改革的重要方面，是一项创新的事业。一定要坚持改革方向，坚持实事求是的原则，在改革的实践中，不断探索，开拓前进。

《经济管理》1986 年 9 月

再议交通运输行业管理

交通行业管理的目标，是进行交通行业管理的出发点，它贯穿于行业管理活动的全过程及其最终结果。马克思说："劳动过程结束时得到的结果，在这个过程开始时就已经在劳动者的表象中存在着，即已经观念地存在着。他不仅使自然物发生形式变化，同时他还在自然物中实现自己的目的，这个目的是他所知道的，是作为规律决定着他活动的方式和方法的，他必须使他的意志服从这个目的。"为了提高对行业管理的自觉性，必须依据交通行业经济的自身规律，认真探讨行业管理的目标和与此相联系的问题。

一、交通运输行业管理目标的涵义

交通运输的行业管理的目标是：通过科学管理，协调好各方面的关系，为交通运输的再生产，提供广阔的发展前景。其一，从宏观方面规划和指导交通运输行业经济的发展，通过对社会运量总需求的调查分析，确定一定历史时期内交通运输的发展方向、发展重点、发展规模和发展速度，合理调整交通运输的结构和布局，逐步形成互相衔接、协调配合，具有综合功能的交通运输网络；其二，实现运输经济的最佳效益，努力使交通运输三个层次的经济效益，即社会效益、运输经济五种方式之间的综合效益以及企业的经济效益，能够通过行业管理，得到有效的指导、协调，使其都能处于最佳状态；其三，通过加强和完善交通立法、政策指导、安全管理、智力开发、技术保障、信息传递等，为交通运输发展，提供良好的社会环境和条件。建立起既有利于把交通运输搞活，又能协调发展的管理体系，完善各级政府交通部门对交通行业经济进行间接控制的管理形式、管理方法、管理职能，以及相应的管理机构设置。

在这些目标中，促进交通运输行业经济的发展是基本的，一切体制改革的出发点和它的最终归宿都必须以有利于交通运输经济保持全面的持续的发展为前提。同时它们之间又是相互依存的，没有一整套与有计划的市场经济相适应的管理体制，就难以开创行业经济发展的新局面。正确地认识这个问题，处理好两者之间的关系，对进一步加强行业管理具有十分重要的意义。当前在这个问题上值得注意的是，一方面对行业管理的含意理解比较狭窄，片面地把新形势下的行业管理，理解为仍是过去那种“部门所有”或只是单纯的行政手段的管理，忽略管理的目的是为了更好地把交通运输放宽搞活，促进交通运输行业经济的发展，运用的一些管理措施，往往容易重蹈传统观念支配下的习惯做法，形成了新的部门之间、地区之间的分割，或是直接干预了企业应有的自主权力，窒息了交通运输经济的活力；另一方面也有不敢“管”的情况，好像一说管，就是走老路，实际上问题不在于要不要管，任何时候，国家对国民经济都是要行使管理权力的，社会主义国家的市场经济是有计划的商品经济，更需要加强管理，问题是如何管。目前在如何管的问题上，虽然还需要不断探索，但只要指导思想明确，具体的管理形式，是可以在实施管理的实践过程中，逐步完善、逐步发展的。

二、行业管理的分工和深度

加强行业管理，实现行业管理目标，各级政府交通部门必须改变传统管理方式，实现“两个转变”。一是在管理范围上从只管直属企业转向行业管理。长期以来，由于经济体制上的弊端，各级政府交通部门主要只管了直属企业，忽略了对多层次多形式多渠道的交通运输的全面管理，造成交通宏观经济方面缺乏统一的规划、指导和协调，而且由于片面追求所属企业的利益，造成部门所有、地区分割，影响了交通运输事业的发展。二是在管理方式上从直接指挥企业具体的经济活动，转向间接控制为主，使各级政府交通部门，摆脱具体经济事务，更好地发挥政府的职能作用，指导和协调行业经济总体目标的实现，减少对企业的直接行政干预，使企业真正成为相对独立的经济实体，把企业微观经济搞活。两个转变的基本要求，就是要改变以往的管理范围和管理方式，使各级政府交通部门，真正从全行业的角度来统筹规划，协调行业经济的发展。

交通部门分管的公路和水上交通，各自都是一个庞大复杂的系统。它包括全民所有、集体所有、个体所有多种经济成分；有各级分管的不同层次；有不同的隶属关系；有多种生产要素的组合，如水上运输有船舶、港口、航道，公路运输有车辆、道路、站点，还有为其服务的修理制造、技术保障、人员培训、安全设施等。而且由于生产力发展水平的不均衡，地区之间，部门之间，企业之间差异很大。如何实现行业管理，达到行业管理的目标，必须认真探讨行业管理的分工和对各种运输力量区分不同的管理深度。

行业管理目标，既是一个整体，具有综合性，又是由各个不同的具体目标组成的，具有可分性。从整个行业经济来说，既有经济发展目标，又有为经济服务的各项保障目标；从经济发展目标来说，既有全局目标又有局部目标，既有长期目标又有近期目标；从管理体制来说，既有总体的管理体制目标，又有分项的管理体制目标。根据行业管理目标的这种综合性和可分性，从中央到乡（镇）的五级政府交通部门，必须在管理职能和职责上有所分工，要有相对的职能层次。目前比较一致的看法，五级政府交通部门，大体上可分为三个职能层次，中央部和省、市、自治区交通厅（局），是行业管理的决策层次，主要职责是从行业经济的宏观方面进行指导协调和控制；地市一级，随着企业的下放，既要进行行业管理又要归口管理企业（对企业的管理，要下放权力，切实改变过去那种直接指挥企业具体的生产经营活动的办法），是承上启下，负有双重任务的管理层次；县、乡两级是行业管理的执行层次。划分这样三个相对区分的层次，有利于明确各自在行业管理中的地位，更好地发挥其作用。各层次之间，在职能上还会有所重叠，有所交叉，如县、乡政府交通部门，在五级中是执行层次，但在它自己的局部，也有统一规划，合理布局，统筹协调的任务。要根据职能层次的划分，进一步制定各级政府交通部门的职责分工。只有这样才能使行业管理的综合目标和各个具体目标，在统一领导、相互配合、分工负责的基础上得到实现。

由于交通行业所属的方面很多，在管理的深度上也要有所区分。有些地方要集中统一，一管到底，管实管细，如交通运输法规制度、方针政策，必须要集中统一，具体实施可以分级贯彻执行；有些要分层次去管，各负其责，如交通建设项目，对企事业单位的管理，要按照职责分工，分别管理。当前议论比较多的是，在一些行政管理上，过多强调垂直系统的作用，分散和削弱了各级政府交通部门作为一级组织机构的统一管理的综合作用。有些只管某些方面，其他由有关部门去管。如运输企业，有的隶属于交通部门、有的隶属于其他经济部门和社会上的个体运输户。对交通部门归口管理的运输企业，由于当前整个经济体制改革尚处在新旧交替的过程中，资金渠道、物资渠道、部分的货源组织，以及主要经济指标等，交通部门还负有直接的经济责任和管理任务；对其他各经济部门的运输力量，则主要是管统一的法规政策，掌握其运力运量情况以便于综合平衡、统筹协调；对个体和联户运输，除要求他们遵守统一的法规政策外，主要是进行指导和服务，把管理工作寓于服务之中。对管理深度的认识，应该是宜粗则粗，宜细则细，粗和细是辩证的统一，该管细的没有管起来，是工作上的失误；不需要管细的管得过细过死，反而会造成相反的效果。这个问题的具体处理是比较复杂的，在新旧体制交替期间，以慎重为好，逐步探索行业管理中合理的管理分工和管理深度。

三、实现行业管理目标是一个不断发展的过程

实现两个转变，加强行业管理，理顺各方面的关系，逐步建立起科学的行业管理体系，使运输经济的运行机制，既能有效地调动社会主义的运输经济自身的内在功能，又能充分发挥管理的协调功能，真正达到宏观控制与微观搞活的有机统一，为运输经济的发展建立良好的环境和条件。实现这个要求，是一个不断探索、不断完善、不断提高的过程。

近几年来，交通部门根据《中共中央关于经济体制改革的决定》的精神，做了很多工作。支持和扶助各种运输力量的发展，特别是个体运输在较短的时间内，已形成了一支重要的补充力量；各级交通部门都不同程度地进行了简政放权，下放了一批企业，扩大了企业的自主权，加强了企业间横向经济联合，运输经济的活力有所增强；为了适应新的形势，相应地进行了领导机构的调整；加强了立法、规章制度的建设，方针政策的指导和各项行政的管理初步建立了运输经济的数据统计和信息工作等，提高了运输经济的宏观控制能力。

但从整个体制改革的要求来说，目前还处在起步阶段，与行业管理更高的目标层次距离甚远。目前运输经济市场，基本上还是依靠行政手段在进行管理，各种运输力量的经济活动和发展，还难以按照自身的内在规律进行协调和调节。比如，交通部门专业运输力量，其他经济部门的运输力量和个体运输力量，如何协调配合、互为补充、合理分工，问题还很多。目前营运线路争的很厉害，如不进行管理，就会造成严重的运力浪费，或使一些边远困难地区的货物和旅客得不到及时的运输；若过多加强行政干预，又影响各自的积极性。这里有个很重要的问题，就是在商品经济的条件下，经济活动都要遵循利益原则，调整这种利益分配，完全靠人为的办法是难以办到的，必须要按价值规律，在经济运行过程中自行调整，这就

要有完善的经济手段。建立和运用经济手段，既涉及国家同步改革的问题，也有交通部门自身对这个问题的认识和实践经验的问题。

当前，我们既要很好总结已有的经验，把交通行业管理体制改革的各项基础工作，进一步充实、完善，又要认真研究探索行业管理目标更深层次的要求和问题，把两者很好地衔接起来，使我们的认识更加符合运输经济发展的客观要求，使我们的实践真正建立在更加自觉的基础之上。

《交通研究》1987 年 1 月

在中共十三大精神指导下
深化中心城市交通管理体制改革

党的十三次代表大会在马列主义基本原则指导下，结合我国的具体情况，深刻地阐述了社会主义初级阶段的理论，明确了我国现阶段的经济发展战略，经济、政治体制改革等任务，在理论上发展了马克思科学社会主义，在实践上为建设有中国特色的社会主义，提出了明确的纲领。

中心城市的交通管理体制，必须遵循十三大精神，加快改革步伐，坚定不移的贯彻开放、搞活的方针，实行多家经营，鼓励竞争。交通运输的政府主管部门要尽快实现职能转变，实行“国家调节市场，市场引导企业”的机制。

中心城市不仅是商品流通的集散地，也是连接城乡和各种运输方式互相衔接的枢纽，是形成交通运输市场的基地，搞活中心城市的交通运输，是搞活整个交通运输业的关键。

如何抓好中心城市的交通管理体制的改革，当前要着重研究和解决以下几个问题：

第一，既要“放”也要“管”，行政管理要集中统一。

政府交通部门对运输经济的行政管理，重点要抓好三个方面的工作：

抓好规划工作。主要是交通的基础设施建设规划、车船运力的发展规划以及为交通运输发展所必需的人才、技术和安全保障等方面的规划。规划工作要根据国民经济发展的要求，以建立综合运输体系为指导思想，合理安排交通运输的发展规模，调整运输经济的结构和布局，不断提高交通运输在国民经济和社会发展中的适应能力。

加强交通法制建设。依法管交通，是政府交通部门进行行业管理的重要手段之一。这方面各级交通部门已做了很多工作，但按照以法治交通，还有很大的距离。当前，一是要加强全国性的交通法规的制定，以便各地有所遵循，增强法的统一性和权威性。交通部已有一个安排，一些大的方面的法规，将陆续报请全国人大和国务院批准颁布执行。二是各地要根据自己的情况，分别制定一些条例、规章以及执行细则。三是要加强法制教育和法制监督，提高人们遵法、守法的意识，一切依法办事，违法必究。

加强政策的研究和制定。交通运输是个社会性很强的部门，要能协调好各方面的关系，必须要加强经济政策、技术政策的研究和制定，以正确的政策来指导、控制、调节，协调运输经济的发展。经济杠杆的运用，主要是体现在政策上。这几年国家对交通运输建设的投资没有增加，但给了我们几个大政策，如提高养路费费率，实行车辆购置费和过路费等，使我们基础设施建设特别是公路建设出现了前所未有的好势头。当然很多方面的经济政策，不属于交通部门的职权范围，但凡涉及交通运输问题，我们完全有义务有责任进行调查研究，提出方案，向有关部门和上级提出积极的建议，争取逐步解决。

有关路政、运管、航政、港监、船检以及开业歇业的审批和树立良好行业风尚等，都是政的管理，对这些方面的管理，都得要逐步建立健全相应的法规和政策，使之规范化、制度化、系统化。

在政的管理上，当前最突出的问题是，机构重叠，管理多头，纵向不统一，横向不协调，形成政出多门，相互掣肘。这个问题，一方面是因为整个国民经济是个庞大的、复杂的系统，交通运输是国民经济中的一个部分，它与整个国民经济的关系，既有相互依存的一面，也有相互制约的一面，这是客观的存在，什么时候都会有矛盾，都有个协调配合的问题；特别是当前，整个经济、政治体制改革，还处在新旧交替的过程之中，存在一些不协调的情况，是难以避免的。另一方面，也确实存在着一些实际问题，对这些问题，应该在深化改革的过程中，逐步解决。

坚持“多家办，一家管”的原则。各级政府交通部门，是各级政府的一个组成部分，理所当然是进行交通运输行业管理的主体，要尽职尽责的实行政的集中统一领导。为了实行政的集中统一领导，政府交通部门的内部机构要逐步调整。究竟是设委撤局，还是委局并存，或是仍保留现有的交通局，这要按照十三大精神，根据国务院部署执行。就目前交通部门本身的情况，也要根据精简、统一、效能的原则，进行调整。一个地区的交通运输，除特殊情况外，原则上应该由一个行政部门统一管理，减少领导层次和多头垂直系统。

第二，组织好运输市场，通过市场引导企业。

随着商品经济的发展，市场的作用越来越显著。交通运输的发展，同样离不开运输市场。十三大报告中指出“新的经济运行机制，总体上来说应当是‘国家调节市场，市场引导企业’的机制”。中心城市进行交通行业管理，一个重要的方面，就是要组织好运输市场，正确地行使国家对市场调节的职能，通过市场机制，引导企业的发展。

要坚持放宽搞活的方针。市场是商品交换的场所，必须要放宽搞活，垄断的或分割的市场，都将阻碍商品经济的发展，对运输市场来说，同样是如此。运输市场，要进一步实行全方位开放，对各个层次、各个方面、各种形式的运输力量，一视同仁地欢迎它们进入运输市场，从事经营活动；中心城市的运输市场，不仅要为本城市服务，还要为周围的农村服务，为它所联系的整个经济区服务。必须进一步克服部门经济的观点，要从国民经济的全局出发，把社会效益、运输经济的综合效益和企业效益很好地结合起来。

鼓励各种运输力量，通过运输市场进行竞争。市场既是商品交换的场所，就会有竞争，这不仅是客观存在，而且也是发展社会主义商品经济的需要，没有竞争就不可能形成市场机制，也就不可能使市场起到引导企业的作用，只有通过竞争才能促进商品生产者提高他们的经营水平和劳动效率。目前大家比较关心的一个问题是，如何使各种运输力量处于一个大体上平等的竞争条件，这确实是一个很重要的问题。竞争起跑线不一样，条件不一样，就难以反映出实际经营水平的优劣和劳动效率的高低。对待这个问题，既不能因为存在这种情况，就采取收缩的办法，走回头路。同时要加强监督，按照政府的有关法规，禁止在竞争中的一切违法行为；要进一步完善各种宏观经济的调控手段，特别是要发挥各种经济杠杆的调控功能。这个问题比较复杂，需要加强调查研究，在实践中进一步探索，边实践，边改进，逐步完善。

依法对运输市场进行监督、管理、整顿，以保护消费者和生产者的合法权益，维护国家的全局利益。近几年来，各个中心城市分别制定了一批条例和规章，依法对客运市场、货运市场、维修行业、路政、航政、运输安全、市场秩序、车船站点、运行线路、班点的安排，以及开业歇业的审批，进行了整顿，加强了管理，取得了很多很好的经验。今后要继续加强市场的整顿和管理，逐步建立起良好的市场秩序，确保运输安全；要协调好各种运输力量之间的关系，逐步使其有个合理的分工，更好地实现合理运输，是各种运输力量各得其所，能够发挥各自的优势。

第三，进一步落实政企分开，增强企业活力。

经济改革的中心环节是要搞活企业，为了搞活企业，必须要实现政企分开，使企业成为相对独立的经济实体，自主经营，自负盈亏。目前，绝大多数的省、区，已将企业下放到中心城市，中心城市在归口管理这些企业时，同样要改变以往的管理模式，按照所有权和经营权分离的原则，将经营权全部下放到企业。应该由企业办的事，全部由企业自己去办。但作为分管交通运输的政府经济部门，对企业仍有行使宏观上的间接管理职能。当前应着重做好以下几件事：

推进归口管理的企业实行各种形式的经济责任制。按照国家的有关规定，单独或与政府有关部门联合，代表全民所有制的一方，运用法律手段，以契约形式签订承包合同，确定国家与企业之间的责权利关系，监督企业遵守国家的法规政策，正确处理国家、企业、职工三者之间的利益；指导企业，不断深化企业内部的改革，按照各级政府对体制改革的部署，指导企业进行党政分开，改善分配、劳动、人事制度。

促进企业间的横向经济联合。不同经济成分的联合，不同隶属关系的联合；几种不同运输方式之间的联合以及产运销之间的联合。实践证明，横向经济联合是提高运输效能，适应社会化大生产和社会主义商品经济发展的重要途径。

积极为企业改善外部环境。目前交通运输企业困难较多，许多企业是带着包袱下放到中心城市的，使中心城市感到压力很大。这些困难有些是交通部门自身难以解决的，如贷款问题、税率问题、燃料供应问题、企业负担过重问题等。政府交通部门，应加强调查研究，提出建议，争取各级政府和有关部门的支持，逐步采取一些改善措施。

做好服务工作。“把管理寓于服务之中”，这个口号要坚持下去。经常的系统的为企业提供市场信息，引导企业经营活动，更好地适应市场的需要；组织企业间经验交流，推动企业深化改革和提高企业的经营管理水平；做好人才培训工作，为企业提供更多更好的管理人才和技术人才；加强科研技术工作，为企业的技术改造提供技术支持。

讲话稿　1987 年 11 月

深化中心城市交通管理体制改革

党的十三大报告中提出，要建立以综合运输体系为主轴的交通业。在这个综合运输体系中，中心城市的交通运输具有特殊重要的地位和作用，它处于纵横交通线路的交汇点，只有通过这个交汇点的枢纽作用，才能把整个运输有机的连接起来，形成综合的运输网络。

近几年来，全国各省、区交通厅，已先后将企业下放到中心城市，中心城市的交通部门，既要进行行业管理，又要管归口的企业，在政府五级交管机构中，中心城市是承上启下的结合部，任务重，情况复杂，中心城市交通管理体制的改革，不仅是整个交通运输管理体制改革的重要组成部分，而且对整个交通运输体制改革将起到示范、带动和推进的作用。

十一届三中全会以来，中心城市交通运输管理体制的改革，取得了很大的进展。但是，交通运输的改革，既受到整个改革进程的推动，也受到整个改革进程的制约，加上我们自己对许多新情况、新问题，要有个实践、认识的过程，因此，存在的问题还很多。在第四次中心城市交通体制改革研讨会上，大家比较集中谈到的问题是：管理职责不清，政出多门，管理手段缺乏，造成了某些方面存在一定程度的混乱现象。

中心城市交通管理体制改革，最核心的问题是政府交通部门要继续实行职能转变，把“两个转变”的要求深化一步，实现政企分开，政府交通部门要真正面向全行业，抓好行业管理和从宏观方面对运输经济实行间接控制，实现交通运输最佳的社会经济效益、行业经济效益和企业经济效益。为了实现职能转变，必须要进一步研究探讨管理的范围、管理的职责分工、管理手段、管理方式以及相应的管理机构的设置等。

第一，以建立综合运输体系为指导思想，理顺各方面关系，逐步形成一个中心城市的交通运输，由一个行政主管部门进行行政管理，统一规划，加强法制建设和方针、政策的研究制定以及抓好路政、航政、运管等工作。在目前新旧体制尚处在交替的过程中，要在当地政府的领导下，通过协商，争取各有关方面的支持和配合，努力克服政出多门的现象。

第二，加强运输市场的管理、监督和整顿，形成良好的市场环境。通过运用经济手段、法律手段和必要的行政手段，调节市场供求关系。使各种运输力量，在放宽搞活的条件下，通过竞争机制，能够各得其所，发挥各自的优势。

第三，管好归口管理的交通运输企业。主要是从宏观上进行间接的领导和管理，推进企业实行各种形式的经济承包责任制，深化企业改革；促进企业间的横向经济联合，协调企业间的关系；从规划、法制、政策等方面为企业改善外部环境；做好提供人才、技术支持和信息等服务工作。

《中国交通报》1988 年 1 月 6 日

以沿海港口为中心　形成内外两个运输扇面

目前，我国进出口物资90%以上要通过海运，发展海运是实施沿海地区经济转向外向型轨道，加入国际经济大循环的重要条件之一。

交通部根据中央领导的讲话精神，结合当前我国沿海地区交通运输的实际情况，提出沿海地区交通建设，要以港口和港口城市为中心，形成内外两个运输扇面，一是与海洋运输船队建设相配套，形成对外运输扇面；二是与各种疏港线路相配套，形成港口与经济腹地相连接的对内运输扇面。港口本身要逐步从单一的装卸功能向多功能转变，发挥港口在流通、仓储、加工等方面的作用。为了适应“大进大出”和外运物资的变化，要加强沿海地区运输大通道的建设，相应发展与大通道相衔接的，通向港口的支线建设以及调整运力结构，改善运输管理等十条措施，逐步使沿海地区形成机动，快速、门到门的综合运输体系。

沿海港口建设，在“七五”期间要按计划建成大中小泊位200个，“八五”规划新建大中小泊位240个以上。港口建设，要坚决贯彻大中小港口和大中小泊位并举，进一步调整和改善我国港口布局，再开辟一批对外贸易口岸，以适应多层次、多渠道、多形式的外贸运输需要。

加速疏港公路建设，提高公路网络化水平和技术等级。“七五”期间已安排的重点项目有：北京—塘沽高速公路，沈阳—大连一级公路，青岛—烟台一级公路，济南—青岛一级公路，上海—南京二级公路，上海—杭州二级公路，福州—厦门二级公路，南宁—北海二级公路，广州—深圳—珠海高速公路，海南岛环岛公路等，并拟将现有杭州—宁波公路进行局部改造。“八五”期间要开始建设上海—杭州—宁波高速公路，上海—南京高速公路，连云港—徐州汽车专用公路，厦门—泉州高速公路，深圳—汕头汽车专用路，连云港—洛阳汽车专用路等。完成这些建设，将使沿海地区形成一个标准较高的公路网络骨架。同时积极发展与干线相连接的伸向广大城镇、乡间的支线，提高运输线路的总体功能。对沿海地区高标准公路建设，除切实用好车辆购置附加费外，拟将公益路改为商品路，主要靠利用国内外货款或集资进行建设，建成后收取过路费，用过路费收入偿还本金和股息，其他公路建设，仍然实行“民办公助，民工建勤”的方针，由国家、地方、群众共同兴办。

扩大沿海地区内河航运能力。重点抓好三个三角洲地区的内河航运建设，发挥这些地区的水运优势。目前在建的主要项目有：大运河徐州—扬州段和镇江—杭州段，钱塘江沟通工程，苏中外港线，常湖中线，珠江水系工程等。“八五”期间除上述续建项目外，在长江三角洲要重点抓好京杭大运河江南段等六条内河航道及内河疏港线建设；在珠江三角洲重点抓好陈村等五条水道的建设。同时改善内河港口码头装备，增加装卸站点，扩大沿海地区内河综合运输能力。

调动各方面积极性，发展海运船队。进一步放宽政策，大中小船队一起上，中央、地方船队一起上，运输企业、非运输企业船队一起上，凡具备条件的船队都允许直接对外。在放宽搞活的同时，要制定相应的法规政策，加强管理和宏观控制。船舶要大中小相结合，逐步改善船队结构、提高船舶技术构成，发展各种专用船舶、增开班轮航线，更好地适应及时、快速、小批量的外运要求。

进一步放开运输市场，着手研究、组建水运货运中心。除部分国家重点物资作为指令性计划外，其余货种放开，使承托运双方直接见面，用合同形式组织运输，彻底改变以往那种分配式、调拨型、统得过死的模式。

建立正规的集装箱运输体系，完善各个配套环节。随着外向型经济的发展，货物运输量的比重将会大幅度增长，发展集装箱运输前景广阔，要下决心抓好这件工作。集装箱运输具有时效快、质量好、成本省的特点，必须建立正规的体系，才能更好地发挥集装箱运输的优势。水运和公路运输，在建立正规集装箱运输体系中，要协同各有关方面，建设好港口集装箱泊位，集装箱船队和有关配套设施。在沿海主要城市要进一步发展集装箱车队，组建国际集装箱中转站。协调好各个运输环节的配合和衔接，充分发挥集装箱运输的优越性。

大力发展岛屿之间、陆岛之间、海湾海峡两岸之间的客货运输。先期重点抓好大连—烟台，长山列岛—山东半岛，宁波—上海，海南岛—大陆之间的客货滚装运输。

在调查研究的基础上，选择几个航线密集、所在城市经济技术力量雄厚，地理位置优越的港口，进行自由港或保税区、保税仓库的试点，开展国际转口运输、国际间贸易物资储存、加工、包装及其他作业。

进一步研究如何按照国际惯例，吸收外商、外资建设港口和经营港口。拟在个别港口、拿出一个作业区或一两个泊位，进行外商独资、中外合资建港和进行港口经营的试点。

注意协调好沿海地区和内地交通运输发展的衔接，搞好统筹规划，使其形成有机的整体，通过加快沿海地区交通运输的建设，促进和带动内地交通运输的发展。

《人民日报》1988 年 4 月

按：此稿在《人民日报》发表时，报社作了修改，现采用原稿。

对我国沿海地区交通运输格局的探讨

发展沿海地区外向型经济，实行“大进大出”“两头在外”，这个战略决策对我国四化建设具有深远的意义。实施这个战略，必须要有交通运输条件的支持，没有交通运输对货物的“空间位移”，就不可能进入国际市场进行交换和竞争。目前，我国沿海地区交通运输现状，已很难适应外贸运输的需要，特别是交通基础设施，已处于全面紧张状态。随着沿海地区外向型经济的进一步发展，外贸货运量会以更大的幅度增长，交通运输能力将更加难以承受。而交通建设又具有周期长的特点，到发生难以为继的时候，即使国家给予再多的投入，也不可能立即形成能力，发生效益，势必会制约外向型经济的发展，贻误时机。必须要把沿海地区交通建设与沿海地区经济发展战略联系起来认识，在时间上要有紧迫感。

近几年，在研究和安排交通运输建设时，对外贸运输，多半是从一般增长趋势考虑的，随着沿海地区外向型经济的发展，交通运输将面临一系列新的情况和新的需求。一是，我国对外贸易的进一步发展，外贸货运量将进一步增加，这就要求相应地提高港口、线路的通过能力和车、船运力，而且，交通作为先行产业，只有适当超前才能适应。二是，中国商品进入国际市场，必须适应国际市场的竞争，要求交通运输能够做到快进快出，随进随出，保证高时效、高质量。三是，外向型经济的发展，必将引起我国产业结构、企业结构、产品结构以及产业、企业分布的变化，与此相联系的，运输货物的结构，货物的批量、流向也将发生变化，高值货将会逐渐增加，起运点随着乡镇企业的兴起，将进一步分散，小批量货的比重将有所提高，交通运输的结构布局必须要适应这种新情况。四是，由于各种原因，在发展外向型经济中，各个地区将会出现差别，区域经济发展的不平衡性，要求交通运输加强科学预测，适时调整，以保证交通运输与区域经济的发展相适应。

根据沿海地区的交通运输现状和沿海地区发展外向型经济的要求，沿海地区交通运输的格局应该是：以港口为中心，逐步完善对内对外两个运输扇面，努力达到基本适应外向型经济发展的要求。

首先，要确立港口在外贸运输中的中心地位。港口是连接对内对外两个运输扇面的枢纽，港口畅通了，就为后两个运输扇面提供了畅通的条件；港口不通，两个运输扇面就不能正常运转，就要造成外贸运输的阻滞。为了使港口能够在外贸运输中发挥中心地位的作用，需要研究解决几个问题：一是要加速港口建设，提高港口通过能力。1987 年我国沿海和长江共有深水泊位 232 个，能够用于停靠外贸船舶的，平均约有 130 个，而这一年，日均在港外贸船舶达 270 艘，作业船舶与待作业船舶为 1∶1.3，这种情况不仅延长了船舶停港时间，造成营运损失，而且只要在管理上稍有不慎，哪一个环节出现不平衡，就会形成堵塞。这种矛盾，随着外向型经济发展，将会日趋尖锐，“七五”期间沿海港口吞吐能力，大约年均增长 7.5%，而 1980 年到 1986 年，外贸物资实际通过量，年均增长率为 10.9%，外贸船到港艘数年均增长 13.2%，供需之间的增长比例很不协调。二是要改善港口的布局和结构。经济的发展和经济发展中的不平衡性，要求港口的布局和结构作出相应的调整。一方面，要根据需要和可能，在沿海地区有计划地建设几个发挥枢纽作用的大港，提高这些港口的技术构成，使其能够适应国际航运现代化的趋势，成为邻近中、小港口中转的枢纽。另一方面，要根据区域经济发展的要求，建设、改造一批中小港口和中小泊位，适应区域外贸运输批量小、时效快、起运点分散的特点。在大港建设中也要适当建设一些中小泊位，提高大港综合适应能力；

在中、小港口也可适当建设一些大、中泊位，逐步形成大、中、小港口相结合，大、中、小泊位相结合，分布合理、功能齐全、集疏运配套的港口有机整体。三是要延伸港口服务，发挥港口的多功能作用。要立足于港口的条件和优势，开展加工、仓储、商业等经营活动，支持、促进和带动区域经济的发展，加速港口自身现代化建设。在我国一些大、中型港口中，已开始建起一批保税仓库，实践证明效益是好的；以港口为依托建立加工区的问题，已逐步引起各方面的重视；对建立自由港的问题，也开始在探讨。发挥港口的多功能作用，是一个逐步发展的过程，要通过实践，提高认识，总结经验，摸索前进，不能一哄而起。

第二，加速大通道建设，逐步提高运输线路的通过能力。在对内对外两个运输扇面中，目前特别要加强对内运输扇面的建设，特别是要提高国内运输线路的通过能力。根据十三大提出的建立以综合运输为主轴的交通业的指导原则，统筹安排五种运输方式，优化运输结构，使各种运输方式在不同的时空条件下，充分发挥各自的优势，形成统一协调、相互衔接的综合运输网络，最大限度地发挥交通运输的综合功能和总体效益。

提高运输线路的通过能力必须把大通道的规划和建设摆到重要的位置。我国交通线路建设，在十一届三中全会以前，基本上是以普及为主，公路内河航道，大体上都是按照“先通后畅”的要求进行建设的。目前我国公路通车里程已达98万多公里，全国已基本实现县县通汽车，98%的乡镇也都通了公路，虽然公路密度比之工业发达国家差距还很大，公路里程还需要发展，但更为突出的问题是公路技术等级很低，通过能力差，与沿海地区经济发展战略的要求很不适应。内河航道也有类似的问题。解决这个问题，必须从我国经济发展的实际情况出发，有重点的逐步展开，把有限的财力和物力相对集中地用于交通网络中的大通道建设，这既是客观的需要，也是可行的途径。

有关大通道建设问题，目前已引起各方面的关心和重视，很多同志提出了不少的论证和建议。有几个基本观点是一致的：大通道的建设，必须围绕经济发展的需要来规划，重点应该放在沿海地区，把沿海和内地的一些经济走廊，中心城市，能源基地，交通枢纽港、站连接起来，以适应沿海地区经济发展战略的要求；大通道应该有较高的技术等级，形成流量大、时效快的运输线路，如公路一般应达到二级以上标准，少数区段应建成一批高速公路，一级公路和汽车专用公路，形成路网中的骨架，带动路网现代化的建设；大通道的建设，既要以沿海地区为重点，又要与我国中、西部的道路相衔接。国家经济建设是一个整体，交通建设更必须遵循这个原则。至于大通道的布局，铁路和公路应该形成几条纵线，几条横线，水运是按照T型结构还是π型结构来安排，沿海海运应该发展到个什么规模，哪些线需要新建、哪些线需要改造，各个线段应达到什么技术等级，各种运输方式，各个运输线路、港、站的衔接协调等问题，需要作进一步的调查研究，作出统筹规划。

第三，改善运力结构，提高运力的技术构成，进一步提高我国远洋和近洋的运输能力。远洋运输要大力发展集装箱和各种专用船舶，提高船队的现代化水平；开辟班轮航线，发展班轮运输，提高运输时效。要重视和改善近洋运输，随着国际经济重心的转移和经济结构的调整，我国与毗邻的一些国家和地区的贸易已出现明显上升的势头。为了适应这个新的形势，迫切需要发展一批中、小型船舶。在国内运输中，车、船的结构和技术性能也需作出相应的调整，大力发展集装箱车、船，发展江海直达船舶，发展大型、专用车辆。

为了逐步形成适应沿海地区外向型经济发展的交通运输格局，需要进一步研究解决几个方针政策问题。

其一，要加强统一规划。在中央、国务院提出沿海地区经济发展战略后，各地迫切要求改善发展外向型经济的基础条件，解决交通运输问题。面对这种情况，必须加强统一规划，特别要加强对区域经济的调查研究，摸清不同时间内可能形成的物流量、物流结构、物流方向，做好交通建设规划的基础工作。建设项目要区分轻重缓急，分步骤进行，建设任务要分层次执行，建设的标准要从实际情况出发，防止一哄而起或提出一些不切实际的要求。

其二，进一步开拓资金渠道。经济界和交通系统很多专家，经过大量论证，认为国家对交通建设投资，在国家基本建设投资的比例中应不低于18%～20%，实际情况1979年到1984年只占13.4%，而且呈下降趋势，这确实是要国家研究解决的问题。随着改革的深入发展，基本建设的投资渠道和结构发生了很大变化。过去基本建设绝大部分是由国家预算内投资，而现在预算外投资的比重越来越大，因此在争取国家预算内投资的同时，要在争取预算外资金来源方面更多地想些办法。这几年国家在政策上对交通建设进行了很大的支持，如提高养路费费率，开征车辆购置附加费、货物过港费，粮、棉、布以工代赈，以及港口采取“以港养港”等办法，对交通发展起到了十分积极的作用；调动各方面积极性，聚资集劳建设交通也取得了可喜成绩。这些做法应进一步总结，坚持发展下去。为了进一步开拓交通建设资金渠道，有些问题需要进一步探讨，争取国家在政策上给予解决，如交通能源基金问题，国家征收这笔基金，本来是要用于交通和能源建设的，从交通系统征收的部分，应该全部返还，或免于征收。再如公路建设征收土地税的问题，公路建设是公益事业，应与铁路、民航一样免于征收。对集资、贷款建设的重点路段和桥梁，应准于收取过路费和过桥费，用于偿还贷款，并作为路桥建设基金。应准许交通部门利用信用中介、聚集、融通交通建设资金。另外，在交通建设上，如何更好地利用外资，也需进一步研究，这方面的难点，如外汇平衡问题，应争取在局部地区或部分项目中，进行一些试点，找出突破办法。

其三，深化改革、改善管理，提高运输的效率和效益。为了适应外向型经济的发展，必须进一步深化改革，一方面，要加强行业管理，从宏观方面对运输经济进行调控，使各种运输力量能够各得其所，协调发展；进一步放开运输市场，改变封闭式、调拨型的做法，发展承托运双方直接见面，相互择优选择；大力组织联营联运，在发挥各种运输力量的各自优势的前提下，通过协作，形成更高的综合效率和效益；研究和解决运价、信贷、税收等方面的政策问题，为搞活运输企业提供良好的外部条件。另一方面，要充分发挥企业内部机制作用，进一步贯彻《企业法》，完善承包经济责任制，加速企业设备更新改造，提高车船的技术构成，加强人员培训工作，提高人员思想、文化、技术素质。

在发展沿海地区外向型经济中，交通运输负有重大的历史使命，既给原来就十分薄弱的交通运输增加了新的压力，又为交通运输的发展提供了更为广阔的前景。压力和机遇同时存在，应充分利用这个好时机，使交通运输在为外向型经济服务的过程中，得到更快的发展。

注：1988 年 7 月，由交通部政策研究室、中国交通运输协会、中国公路学会、中国运输经济研究会等十家联合，在福建厦门召开了《沿海地区交通发展战略研讨会》，会议出版了《沿海地区交通发展战略专题研讨会文集》，本文收录于《文集》中。

附：《中国交通报》对会议总结发言的报道。

本报讯　7 月中旬在福建厦门召开的"沿海地区交通发展战略研讨会"闭幕式上，交通部政研室鲁勤智同志做了总结发言，全文如下：

同志们：

沿海地区交通发展战略研讨会今天结束了。到会同志普遍认为这次会议开得及时，有收获；同时也感到对沿海地区交通建设如何适应外向型经济发展的研究工作，还仅仅是开始，任重而道远。

这次大会有十几位同志发了言，小组讨论热烈，收到论文共 65 篇。这些发言和论文从各个侧面交流了情况、探讨了问题、提出了建议，不仅有一定的理论深度，对实际工作也有较好的参考价值。会议筹备时间较短，能取得这样好的成果，反映了专家、学者和同志们对我国交通运输事业发展的一片热诚，我代表部领导和发起单位，再一次表示感谢。下面我讲讲这次会议的收获。

第一，对当前沿海地区交通运输中的一些主要问题进行了探讨。

一是分析了沿海地区交通运输现状，通过分析得出了三个基本看法：首先一致认为，目前沿海地区交通运输仍处于全面滞后状态，随着外向型经济发展，这个矛盾将更为尖锐；其二，对沿海地区交通运输的地位和作用，必须要与沿海地区经济发展战略联系起来认识，交通上不去，将会影响和阻滞这个战略的实施；其三，目前外向型经济发展很快，而交通建设周期性很长，改变交通运输落后面貌在时间上必须要有紧迫感，现在不抓紧，到难以为继时，即便加大投入也难以立即形成效益。

二是对沿海地区交通运输的格局进行了探讨。外向型经济的发展，使沿海地区交通运输面临着许多新的情况、新的问题、新的要求。沿海地区交通运输应该形成一个什么样的总体格局，是个十分重要的课题。到会同志基本上同意下述看法："以港口为中心，逐步形成对内对外两个运输扇面，达到基本适应外向型经济发展的需要"。这个格局的基本思路是：确立港口在外贸运输中的中心地位，加强港口建设，调整港口的结构、布局，发挥港口的多功能作用；逐步完善综合运输网络，更好地发挥五种运输方式的总体功能和综合效益，首先要重点加强运输网络中的大通道建设；调整车船运力结构，提高车船的技术构成。

三是对交通运输各方面的发展提了很多很好的建议。如：各种运输方式协调发展的问题；车、船工业生产问题；港口多功能问题；大通道建设问题；水运的"T"型结构或"π"型结构问题；运力的宏观控制问题；集装箱和大件运输问题；地方交通建设问题；改革和管理问题等。

第二，讨论和原则通过了会议的"建议稿"。

到会同志一致认为有必要形成一个会议"建议稿"。这个"建议稿"

以专家、学者的名义向交通部和更高的层次上报。“建议稿”重点阐述：沿海地区交通现状；交通在发展外向型经济中地位、作用和总体格局的设想；需要解决的若干政策问题。

同志们对“建议稿”的初稿提出了很多修改意见，并同意委托发起单位在会后进行修改。

第三，加强了各有关方面的联系和交流。

出席这次会议的除交通系统的各单位外，还有交通运输经济综合研究单位，有铁道部、中国船舶总公司等兄弟部门，有科研、教育等单位专家、教授，有全国性的一些协会、学会和中央、地方一批新闻单位的同志。大家从不同角度研讨交通的发展战略，有利于从总体上来认识交通的改革和发展问题。这个会议也为交通的政策研究工作提供了好的借鉴。要克服闭关自守，只靠少数人研究的办法，要更好地调动各方面的积极性，搞好组织、协调工作，使其成为决策者和经济理论工作者之间的桥梁。

关于会后的几件工作：

第一，大会的部分发言和论文，将出版论文集，中国交通报将摘要发表一批文稿。

第二，发起单位将对所有收到的论文进行评选，对优秀论文给予奖励。

第三，尽快修改“建议稿”，经发起单位讨论通过后上报。

谢谢大家。

整顿治理运输市场　深化运输经济改革

整顿、治理运输市场，既是当前深化运输经济改革的必要条件，同时，在很多方面，本身就是深化改革的重要内容。政府交通运输部门的职能转变，很重要的一条，就是要按照“国家调节市场，市场引导企业”的要求，对水路、道路运输，进行宏观调控和管理。随着商品经济的发展，运输企业和从事运输的经营者，他们的经营活动，都要进入运输市场，在运输市场中进行交换和竞争，运输市场的发育程度、运输市场的结构、运输市场的行为规则直接影响着运输企业和运输经营者的经营活动和利益，它将推进或制约运输企业改革的深化，从目前运输市场的实际情况看，迫切需要进行整顿和治理。

十年来，我国水路、道路运输，在开放搞活的方针指导下，改革正在逐步深化。政府交通部门通过政企分开，企业下放，逐步实现职能转变，加强了行业管理和对运输经济的宏观调控；扩大了企业的经营自主权，企业的活力有所加强；长期来运输经济单一的公有制形式已经改变，多种经济成分均有不同程度的发展，使所有制形式更加适应我国目前实际的生产力水平；部门所有、地区分割，封闭式的运输市场格局已经打破，形成了多家经营，相互竞争的局面。但是由于多种原因，目前运输市场存在的问题还很多，突出表现在：宏观调控不力，运输的结构和布局不合理，各种运输力量，不能各得其所，难以发挥各自的优势；运输市场的发育和运输市场规则还很不完善，缺乏平等的竞争条件，竞争机制难以发挥，经济运行还缺乏自我调节的功能；管理体制上政出多门，管理多头，缺乏统一协调的有效管理，运输市场出现了抬价、刹价、偷税漏税、欺行霸市、垄断货源、居间盘剥等不法和违法行为，行业不正之风严重。这些情况，造成了运输市场的混乱，影响了运输企业经济效益的提高，增加了交通运输的不安全因素，不利于运输经济的深化改革。

建立社会主义统一的商品市场，是一项长期的任务。运输市场是社会主义统一商品市场的一个组成部分，同样要有一个较长时间的培育、完善过程。既要按照建立社会主义统一商品市场的共性要求，来逐步完善，又要考虑运输市场的特点。当前要针对运输市场的实际情况，抓好三方面工作。

第一，加强宏观调控，做好对运力和货源的管理。

在我国改革的初始阶段，运输市场侧重于放宽搞活，是完全正确的。实践证明，放宽搞活的这几年，车、船运力有了较快发展，货运基本上实现了承托运双方直接见面，择优托运，使我国运输市场出现了空前繁荣活跃的局面。但我国是社会主义国家，实行的是有计划的商品经济，在放宽搞活的同时，必须要加强宏观调控，否则就难以形成有效的合理竞争的运输市场，以致影响交通的改革和发展。

加强宏观调控，首先要抓好运力结构的调整，对运力投放要实行综合平衡。目前，我国车、船运力从总体来看，仍然严重不足，特别是船舶，在一些区域和线路，不适应的情况十分突出，要继续发展。当前运力发展中的主要问题是结构不合理，必须进行综合平衡，合理调整。要加强对供需情况的调查研究，使车、船运力的发展，大体与客、货源相适应，这种综合平衡应该是多层次的，各级政府交通运输部门都要加强这方面的工作；车、船运力的发展，要与道路、航道、港口、车站等基础设施的承受能力以及油料供应等条件，进行综合平衡；各种运输力量的经营范围、经营内容、运行线路应有合理的分工，以求各得其所；根据社会职能分工不同的各种运输力量，在技术构成上，应该逐步拉开一定的档次，以求发挥各自的优势；为了适应社会运输的多种需求，车、船运力的性能、大小、轻重等方面，也需要在结构上进行调整。

加强客、货源的组织和管理。交通运输的基本社会职能，就是要根据国民经济和社会发展的需要，完成客、货运输，运力必须与客、货相结合，才能形成人公里和吨公里，因此，加强客、货源的组织和管理是至关重要的，也是当前整顿治理运输市场的重要内容。国家重点物资、抢险救灾物资以及一些特殊性的运输，交通部门应作出统筹安排，作为指令计划确保完成。重点港站大批量的集散物资、重点工程项目、工厂、矿山、批量货源集中的地方，交通部门要协助有关单位，搞好货源管理，推行产运销一条龙运输、招标运输，承包运输，零散物资鼓励择优托运，继续放宽搞活运输市场，任何单位和个人不得垄断货源，不得搞部门之间、地区之间的封锁和分割，提倡承托运双方直接见面。为了沟通承托运双方的供需渠道，保证承托运双方的合法权益，政府交通运输部门要有步骤地组建面向社会开放的水、陆货运交易中心，为社会各方面提供货源、运力、运输信息、组织回程货源等各种服务。支持单位和个人，从事货运代理、信息服务等经营业务，但必须纳入政府交通运输部门行业管理的范围，依法经营。

第二，整顿运输市场秩序，逐步完善运输市场规则。

各种运输力量进入运输市场交换，由于受着利益机制的驱动，竞争激烈，关系复杂，必须要遵循一定的行为规则，依法经营。政府交通运输部门，要根据国务院颁发的《水路运输管理条例》和《公路运输暂行条例》等有关法规，进行整顿和管理，执法要严。当前首先要做好从事水路、道路客货运输（包括出租车、旅游车）、搬运装卸、汽车维修、运输服务的单位和个人的清理整顿工作，审核其经营情况是否符合法规和政策的规定，对不符合经营条件，违背法规和政策规定的，要限期整顿改正，经过整顿仍不符合经营条件的，要依照法律规定进行处理。对开业和停业要严格按照审批程序办事。

逐步完善运输市场规则。所有经过核实，参加营业性运输的车、船，必须纳入政府交通运输部门的行业管理。从事客运的车船要按核定的线路、班次、港站，从事运输，尽快改善站点设施，做到车进站，人归点。从事货运的车船，要根据运输供需情况，逐步形成经营范围的合理的分工。参加经营性运输的车船，必须实行独立核算，遵守国家的运输政策，按有关规定交纳税费，使用统一的票证单据。

综合运用经济的、行政的、法律的、纪律的、政治思想工作的手段，管理好运输市场。继续抓好职业道德教育，法纪教育，提高运输的服务质量，改进服务态度，坚决查处行贿受贿、私拿票款、私收运费等违法违纪行为。充分发挥监督部门的作用，依法对从事运输人员进行监督和管理。监督部门本身要整顿思想作风和工作作风，要纪律严明，为政清廉。

第三，改善运输管理体制。

完善运输管理体制，需要随着国家总体改革的进程逐步解决。当前的首要任务是，各级政府交通运输部门，要继续实行职能转变，政企要进一步分开，使企业真正具有自主经营、自负盈亏、自我制约、自我发展的机制。企业是运输市场的基础，企业搞活了，运输市场才可能搞活。这样做，既有利于搞活和培育运输市场，同时又有利于政府交通运输部门，真正从抓企业的经营活动，转变到抓行业管理，加强运输经济的宏观调控工作。

目前在管理体制上存在的另一个问题，是管理多头，政出多门。统一的运输市场，必须要有一个统一协调的从事行业管理的管理体制。由哪个部门来实施对运输市场进行统一协调的管理？这个问题应该说是明确的，政府交通运输部门，是国家行使对交通运输进行管理的职能部门，理所当然是对运输市场进行行业管理的主体。现在所说的管理多头，一是交通运输内部管理体制还没有完全理顺，纵向关系不够协调，政府交通运输部门的五级管理，有待进一步完善；二是横向关系复杂，主要是外部关系在职责分工上不够明确。这里面有的是经济关系交叉带来的客观反映，应该加强协调配合，有的是管理体制方面的问题，需要在改革过程中逐步完善。

交通运输的社会性很强，各种各样的矛盾很多，这些矛盾又集中反映在运输市场上，对运输市场的整顿治理是一项十分繁重复杂的任务。在整顿治理过程中，一定要注意处理好三个关系。一是处理好整顿和改革的关系。整顿的目的是为了完善已经取得的改革成果，并为进一步深化改革创造条件，要防止出现旧体制的“复归”。对交通运输来说，特别要注意，不能再回到“三统”的老路上去，一切整顿治理的措施，都要有利于深化改革。二是处理好整顿、治理运输市场的近期目标和长期目标的关系。当前的整顿主要是针对运输市场存在的一些突出的问题，各项整顿工作，要注意与长期治理目标相衔接，要有利于运输市场的培育和完善，有利于更好地发挥运输市场的机制作用，为运输企业创造一个良好的外部环境。三是要处理好行政手段和经济手段的关系。在今后一、两年的整顿、治理中，适当加强行政手段是完全必要的。今后，政府交通运输部门在行业管理中，行政手段也还是重要的组成部分。但必须要适度，行政手段的力度过强，就有可能制约经济运行机制的发挥。在运用行政手段的同时，要综合运用好其他手段，从长远来说，要更多地运用经济手段，发挥各种经济杠杆的调节作用。

《中国交通报》

1988 年 12 月 31 日

地方交通运输企业推行承包经营责任制的情况调查

最近，我们到湖北、四川两省的宜昌、荆州、沙市、襄樊、郧阳、成都、乐山等地，就当前地方交通运输企业推行承包经营责任制的情况，同企业的经理以及交通部门的负责同志进行了座谈，并听取了部分地方政府领导的意见。现将调查情况简述如下：

一、地方交通运输企业推行承包经营责任制的发展很好

从所到的几个地区看，交通运输企业推行承包经营责任制大多数是从今年初开始的，时间虽然不长，但进展很快，效果较好。一部分企业已开始实行形式不同的承包经营责任制，并取得了初步成效，各种数据确实证明“一包就灵”；大部分企业正在积极测算数据，制定承包方案。按目前的进度，今年底至明年初，这些地区的大部分企业，将陆续实行承包制。

今年来，各地交通部门在推行承包经营责任制方面，主要抓了以下几件工作：

第一，传达学习，统一认识。国务院领导同志的有关指示、国家经委召开的承包经营责任制座谈会的精神，以及全国交通系统厅局长会议提出的在交通企业推行两个层次的承包经营责任制的部署，各地都作了认真的传达学习，并结合本地区情况，研究了贯彻方案。

第二，调查研究，落实措施。主要是：进行企业排队，根据企业的不

同情况，分别提出承包形式和实行承包的时间步骤；抓承包试点，通过试点，进一步摸索承包中的情况、问题和经验；指导企业制定承包方案，组织企业进行资产调查，设备技术状况调查，近几年经营数据分析，承包基数的测算和评审，企业法人的评议和选定等。

第三，与各方面协商，落实方案。主要是与计划、财务、税收、信贷、物资供应等政府部门进行协商。协商的内容是企业的承包基数和如何为企业提供完成承包基数的条件。政府交通部门既是所有权的一方，要代表国家接受企业承包，又是归口管理交通运输企业的部门，要向有关方面如实反映企业情况，使承包基数能为各方所接受，并能取得各方面的支持。

第四，交流经验，分类指导。湖北、四川以及下属部分地区的交通部门，已开始对较早实行承包经营的企业，进行经验总结和交流。湖北省交通厅分别召开了公路运输、航运企业的经理座谈会，总结承包试点经验，指导面上的工作。四川省交通厅继召开什邡县小型运输企业承包经验现场交流会之后，又召开了全省大中型运输企业承包经营研讨会，介绍了一些典型单位试点经验。

从所到的地区看，大家对在交通运输企业推行两个层次的承包经营责任制态度是积极的，对一些基本问题的认识大体上是一致的。

一是普遍认为当前在交通运输企业中，推行承包经营势在必行。近几年来，由于各种因素，企业的经济效益连续下降，国家相应采取让利让税措施，目前，地方运输企业，上交税利已经很少，少数亏损企业还得靠国家补助维持。很多企业经理说，再也不好叫国家让税让利了，实际上国家也无税无利可让了。虽然在企业经营的外部环境上确有很多问题需要解决，如运价问题、燃物料价格问题、贷款利率问题、企业社会负担过重问题等，但由于我国的经济体制改革还处在探索阶段，改革和各项政策的配套尚难以同步到位，在这种情况下，必须在改善企业经营外部环境的同时，把视线转到企业的内部，改善企业的内在经营机制，挖掘企业的内在潜力。实行承包经营责任制，正是在现实条件下，可以适应各种不同企业的情况，深化企业改革，改善企业内在经营机制，搞活企业，更好地挖掘企业内在潜力的一种经营形式。

二是普遍认为当前推行承包经营责任制的时机很好。中央国务院有明确指示，省、地、县各级都有部署；几年来的改革，包括实行各种形式的经济责任制，为承包经营积累了一定的经验；尤其是这几年运输企业的困难情况，一般已为各个方面所了解，交通运输企业作为微利企业来确定承包基数，已能为各方所接受，这样就有利于把基数定得符合实际情况，有利于调动各方面的积极性。

三是普遍认为承包经营是一条深化企业改革、搞活企业的好路子。承包制比过去实行的经济责任制，责、权、利体现得更充分，更有约束力，而且大家心中有数，政策的透明度高，既有压力也有动力；实行承包以后，深化企业改革的各项改革措施，如干部制度、劳动人事制度、分配制度等，都比较容易落实了。宜昌地区有个企业，过去领导班子总是摆不平，谁上谁下意见很多，久拖不决。一承包，能者脱颖而出，原来的一、二把手自已感到难以胜任，毫无怨言地下了台。从已经实行承包经营的企业看，实际经营效果确实是好的。四川省 11 个承包经营搞得较好的县属小型运输企业，与全省运输企业相比，油耗约低 20%（百公里油耗全省平均 8.9 公升，这些企业为 7 公升左右），成本约低 20%（千吨公里成本全省平均 215 元，这些企业为 172 元），而效益都高出三倍（单车实现利润全省平均 1301 元，这些企业为3970元）。湖北省郧阳地区汽车运输公司，实行承包后，今年一至五月份运输周转量和营运收入分别比去年同期上升 9.7% 和 9.6%，单位成本降低 10%，实现利润 89.3 万元，比去年同期上升 124.9%。

二、实行承包经营要抓好几个基本环节

交通运输的各个企业，性质、规模、设备条件、管理水平、经营状况、人员素质，差异性很大。因此，实行承包经营的具体形式，需要从实际情况出发，允许多样化。但是大家认为不论采取哪种形式，哪个层次的承包制，都必须要抓好几个基本环节：

第一，坚持“包死基数，确保上交，超收多留，欠收自补”的原则。

这个原则的实质就是要正确处理责、权、利的关系。座谈中，大家一致认为，包死比包活好，包长比包短好（一般以三、四年为宜，大体上与“七五”计划相衔接），只有通过签订合同，把承包基数和承包时间定死，明确规定收益与风险、责任与权力相结合、相配套，企业和职工都要既包盈又包亏，企业完不成合同规定的上缴基数，要用自有资金补，个人完不成合同规定的任务，要用工资收入补。这样才能既有压力又有活力。正如有些同志所说“包死才能搞活，包长才有利于克服短期行为”。

第二，要正确处理好三者利益关系。

企业对国家，要确保完成上缴的承包基数和各项税收规费；要从国家的整体利益出发，完成国家要求的运输任务和生产计划。对职工个人，要在发展生产、提高劳动生产率和经济效益的前提下，逐步提高工资、奖金和福利水平。在座谈中，大家感到在处理三者利益关系上，最担心的是企业利益得不到落实。国家利益有政府各部门提要求，职工利益有职工个人提要求，谁为企业利益提要求？应该说是企业承包者，但他对三者利益都要负责，挤来挤去往往是挤了企业这一头。与此相联系的是承包后可能出现的短期行为，所谓短期行为，一是为了眼前个人或部门的利益拼设备，二是个人分配过多，消费资金膨胀，其结果是企业固定资产消耗过大，又得不到补偿，失去再生产能力。这个问题必须要引起高度重视，在承包时要有具体的条款予以制约。

第三，既要防止“鞭打快牛”，又要防止保护落后。

关键是承包基数要订得合理可行。确定交通企业的承包基数，既要根据交通企业是微利企业这一实际情况，又要看到企业的潜力还是有的。在座谈中，有的同志说，目前交通企业虽然很困难，但只要承包搞得好，挖掘20%～30%的潜力还是完全有可能的。从已搞承包单位的实践看，这个估计基本符合实际情况。基数订高了，就会影响和挫伤企业和职工的积极性，或是出现“鞭打快牛”的观象；订低了，将减少国家与企业的收入，保护了落后，形不成必要的压力。因此，对承包基数，一定要通过调查研究和认真细致的测算，对近几年的原始材料进行分析，参照同行业、同时期的平均先进水平，确定上缴基数和各层次以及单车，单船的承包基数。有些地区在承包后已出现由于承包基数定得太低，承包后个人“暴发”，结果弄得领导很为难。不执行合同有失信誉，执行合同又矛盾太多，对国家对企业都很不利。

第四，不能“以包代管”，而要“以管促包”。

承包经营责任制要与提高企业管理水平和企业各项配套改革相结合，不能“以钱代包，以包代管”。特别要加强企业管理的各项基础工作，建立健全企业的各项规章制度。要进一步改革企业干部制度，推行厂长（经理）负责制和任期目标责任制、任期终结审计制以及招聘制，使厂长（经理）真正成为企业法人的代表。要进一步改革劳动人事制度，合理调整劳动组合。要进一步改革分配制度，实行工资、奖金与产量、营收、利润挂钩等。企业的各个职能部门要发挥职能作用，加强管理。座谈中，很多同志提出，承包一定要“纵向包到底”，就是要层层承包，落实到车、船和个人；横向要“包到边”。所谓“包到边”就是企业的各个职能部门，都要有明确的职责，更好地加强企业管理和各项服务工作；要与“双增双节”相结合，要与企业上等级相结合，改善企业经营机制，提高企业素质，在安全、质量、消耗、效益等方面达到一个新的水平。

三、几个问题和建议

第一，要加强承包经营责任制的理论研究。目前承包经营责任制正处在探索阶段，在调查过程中，深深感到有些理论问题急需加强研究，如承包经营制的性质问题，承包经营制的模式问题，交通运输企业承包的特点问题，企业承包后政府交通部门的管理职能、管理职责问题，集体所有制交通运输企业所有权本来就是劳动人民集体所有，还要不要搞承包的问题等。理论问题不研究清楚，将难以对不断深入发展的承包制进行有力的指导。目前，一方面要认真学习中央有关指示和理论界的文章，同时还需要把交通系统的研究力量组织起来，加强调查研究，总结实践经验，交流研究成果。

第二，加强宏观上的协调和管理，不断改善企业的外部环境。推行承包经营责任制，对深化交通运输企业改革，提高企业经济效益，将会发生重大的促进作用。但由于成本、运价、燃油供应、货源等因素对企业制约很大，外部经营条件仍然严峻，各级政府交通部门，必须要进一步从宏观上加强协调和管理，对一些大政策要加强调查研究，建议国家采取措施扶植交通运输企业，改善企业外部经营环境。只有这样，才能有利于推动承包经营责任制的顺利发展。

第三，既要积极推行承包经营责任制，又不要搞一刀切，一哄而起。目前，这两方面都还存在着一些问题。一方面，由于长期吃“大锅饭”的惯性作用，少数企业领导人怕担风险，对承包不积极；职工中也有些人不愿搞承包，有些企业亏损严重，但这些企业的职工通过各种渠道所得的收入仍然很高。对这种情况必须要进行思想教育。另一方面，要实事求是，不要搞一刀切，一哄而起。在调查中我们发现，有少数地方和企业，看别的地方和其他企业搞了承包，本来自身条件还不成熟，准备不充分，“见风而动”，这样将带来很多后遗症，甚至造成严重损失。

第四，目前个别地方由交通部门代表企业向同级政府有关部委承包，搞“小行业”包干。我们认为，这种做法值得研究。一是交通部门是政府的职能机构，是代表国家行使职权的，交通部门向有关部委承包，其关系不明确。二是由交通局牵头搞承包，承包的指标是硬任务，是必须包和保的，将会造成政府部门强化对企业的干预，造成新的政企不分，使行业管理、间接控制流于形式。三是按照所有权与经营权分离的原则，承包的主体应该是企业的经营者，而不是政府某个部门。建议今后的承包，应由交通部门会同有关政府部门代表国家同企业签订承包合同。

合作者：杨咏

《政策与法规》1989 年

我国交通运输正在加快对外开放步伐

中国的陆路、水路交通，在历史上就有与国外交往的传统，新中国成立后，这种交往逐渐增多。中国共产党十一届三中全会以来，在改革开放的方针指导下，中国公路水路运输与国际间的交往，在政府和民间的各个层次上都有很大发展，经济、技术间的合作与交流，不仅拓宽了领域，而且在深度上有很大的提高。

航运合作与港口开放

随着外向型经济的开拓，中国与国际间的货物流通量日益增大，1987年外贸总运量达到了1.6亿吨。为了适应外贸运输的需要，中国远洋运输，在近十年来，发展速度显著加快，1987年远洋运输船队达到1338万载重吨，比1978年的654.5万载重吨增加了一倍，完成的货运量近8000万吨。与此同时，中远公司与国际合作的航运、代理等公司达到了17家，分布于美国、日本、比利时、挪威、联邦德国、荷兰、澳大利亚、泰国、肯尼亚以及香港等国家和地区。中波海运服务有限公司和中坦联合海运公司的业务，在原有的基础上，均有进一步的发展。在平等互利基础上的国际航运合作，增强了中国远洋运输的实力，改善了服务水平。

1978年以来，中国先后对外开放了大连、秦皇岛、天津、上海、南通、厦门、黄浦、湛江、海口、防城等30多个港口。各个港口同世界上160多个国家和地区建立了贸易运输往来。

利用外资加速建设交通

从1979年开始，到1987年底，利用世界银行和日本协力基金会贷款，共签订了11项贷款协议，包括新建港口码头50个泊位，公路1740公里，贷款总额约20亿美元。到1987年底，配合国内资金，已竣工投产的有13个深水泊位，新增煤炭年装船能力3500万吨，煤炭年卸船能力400万吨，集装箱年吞吐能力70万箱。通过贷款还引进了一批比较先进的设备，改善和提高了港口现代化装备水平。由于工程建设实行了国际招标，不仅降低了工程造价，而且通过竞争也有利于促进国内有关行业水平的提高；对贷款项目审查管理上的有些制度、工作程序以及有关方面的经验，也很有借鉴价值。

另外，中国还接受了一些国际组织的赠款，用于改善公路等基础设施的建设。

合资建港和经营企业

中国政府于1985年9月作出了“关于中外合资建设港口码头优惠待遇的暂行规定”提出了一系列优惠条款，如“允许合资企业有较长的合营期，可以超过三十年”；经批准“企业可以采取固定资产加速折旧的办法回收投资”；“与投资总额内的资金进口建设码头，必需的原材料、装卸设备、运输工具和其他生产设施，免征关税和工商统一税”；“按百分之十五的税率缴纳所得税”；经申请批准“从开始获利的年度起，第一年至第五年免征所得税，第六年至第十年减半征收所得税”；“外国合营者将从企业分得的利润汇出境外，免征所得税”；“所建码头的装卸费率标准，由企业自定”，“允许合营企业兼营投资少、建设周期短、资金利润率较高的项目”等，以鼓励外商到中国投资，合资建港。近几年，就合资建港问题，先后与多家外商进行了洽谈，取得了一些积极成果。南京港与美国ENCINAL公司合资经营的南京国际集装箱装卸公司，经批准已于1987年12月5日正式投入经营。对港口建设的还款问题进行了多方面的探索，已有个别港口由所在省、市地方政府还款，这将使港口建设利用政府间的贷款成为可能，为港口建设的还款开辟了又一个渠道。

合资经营企业包括吸收外资合作，来料加工等多种项目。从1982年以来，经交通部与经贸部审批合作项目有17个，多数项目经营效益较好。

技术引进和人才交流

几年来，交通系统引进国外先进技术，取得了明显效果。如交通部第一航务工程勘察设计院与日本临海开发研究中心就青岛港前湾区一期工程进行合作设计，取得了满意的成果。公路规划设计院与美国露易斯·伯杰国际公司合资经营“华杰工程咨询有限公司”，引进计算机自动设计和绘图软件系统，缩短了设计周期，提高了设计质量，实现了设计自动化。南京航标厂用合作生产方式，加工装配挪威新吉坡水声电子仪器，引进设计制造技术，生产和开发了测深仪、彩色显像探测仪、多波束声纳、警戒声纳和卫星导航仪等产品。为了推进交通技术引进事宜，中国交通部于1981年成立了“中国交通进出口公司”，几年来，为公路、水路行业，办理了上千项技术设备的引进和经济技术合作项目。近两年来，又开展了交通技术和机电设备的出口业务。

人才交流活动日益频繁。一方面，以多种形式向国外派出人员，进行业务考察、学术探讨、专业进修或单项技术培训。另一方面，积极邀请国外专家、学者、技术人员来华进行讲学，传授技术和进行咨询。近两年，中国邀请了联邦德国专家和教授，就大连、烟台、青岛和上海等港的港口建设和管理问题进行咨询，到一些大学和科研等单位讲学和进行技术交流。另外，也邀请日本教授到中国实地考察，并分别在武汉、重庆，北京等地作了关于发展航运以及现代交通体系理论的报告。国际海事组织、亚太经会社等国际组织与中国有关交通院校联合举办海商法和多种技术专业的培训班，取得积极的成果。还接受了若干国家的赠款，举办各种技术培训和技术咨询。为了有计划的引进人材，交通部1987年成立了“交通部引进国外智力办公室”。

中国公路桥梁工程公司，从1979年到1987年的八年中，累计承包和劳务合同270项，合同金额7亿多美元，为国家创汇6000多万美元，共建公路7000多公里，桥梁5000多延米。中国港湾工程公司八年来累计承包工程273项，合同金额4.7亿美元，创汇7500多万美元。中国海洋工程服务有限公司，到1987年的六年中，累计创汇2000多万美元。中国在国外从事的这些承包工程和技术服务，主要在第三世界，为这些国家和地区的交通发展，做出了一定的贡献。

中国目前还是发展中的国家，交通运输受着整个国民经济发展水平的制约，仍然处在滞后的状态，公路运输和水路运输，都还不能适应国民经济发展和人民生活的需要。为了改变交通运输的落后面貌，实现运输经济的良性循环，当前最迫切的问题，是要加速交通运输基础设施的建设。建设一批高速公路、一级公路和二级汽车专用道路，逐步形成以高等级公路为主的公路主骨架；建设一批沿海大型的国内外中转港口和区域性港口群体；加快长江、珠江、黑龙江和京杭运河、淮河的航运建设。要实现这样的交通建设设想，必须有资金、技术、人才的支持，为了解决这个问题，一方面要坚持深化改革，坚决贯彻最近国务院制订的《关于当前产业政策要点的决定》。另一方面，要加快对外开放的步伐，吸收外资，引进技术，扩大人才交流。

我们有充分的信心，经过几个五年计划的不懈努力，中国的公路，水路运输事业一定能够逐步改变落后面貌，跻身于世界先进国家的行列。

《中国运输》1989年3月

发展公路运输　出路在政策

中国公路建设、公路运输的发展，关键在于调整好政策。现在的情况是，国家对交通建设的大方针大政策是十分明确的，但在落实这些方针、政策上，还有许多调整完善的工作要做。

第一，大、小政策要配套。国家提出要对交通实行“倾斜”政策，但国家对公路的投资，除国防边防公路外，其他几乎全部靠计划外自筹资金，缺少稳定资金渠道，而且自筹资金又多分散于各个地区，难以对重点项目实施统一安排。此外，贷款利率高、燃料物料供应价格不断上涨，各种税收费率增加等，使公路工程造价和公路运输成本大幅度上升，投入与产出的反差越来越大，长此下去公路交通的“滞后”，甚难改变。从政策角度来说，必须是大政策管住小政策；各方面的具体政策，要与国家的大政策配套，为大政策服务，确保大政策的落实。

第二，前后政策要衔接。1984 年国务院为了加强公路建设，先后出台了提高养路费费率、征收汽车购置附加费等政策措施。这些政策措施，使近几年我国公路建设，出现了一线生机，发展的势头很好。但是近几年来，国家先后又出台了一些其他政策，使国家原来想用于加强公路建设的资金，又从另外一些方面被抽走了。例如养路费，“来自于车，用之于路”，带有企业与群众集资的性质。国家收取这部分钱，用于财政的其他支出，就显得前后政策不衔接，使原来的政策失去应有的效力。

第三，相同的情况应有相同的政策。养路费是用于养护现有道路的专项基金，它与国有企业的大修理基金及油田维护费属于同样性质。可是后二者免予征收能源交通基金，而养路费不仅不免征，还要按全额征收，这很不合理。再如公路建设要征耕地占用税，铁路和民航机场建设却免征，公路同样是国民经济中的薄弱环节，同属社会公用性基础设施，完全应该以相同政策对待。

《人民日报》1989 年 9 月 21 日

加强行业管理　改善宏观调控

我国交通管理体制改革，根据中央提出的“专业性的经济管理部门要从具体管理直属企业的生产经营转向搞好全行业的管理”的要求，从政企分开、下放企业、下放权力入手，逐步转变职能，在这个基础上，不断加强行业管理，对运输经济从宏观上进行间接调控。

经过几年的改革，交通系统的行业管理有了明显的加强，运输经济的宏观调控有所改善，主要做了以下几件工作：

一、提出了加强行业管理的初步意见，明确了行业管理的一些基本问题

1987 年初，在总结前几年改革实践的基础上，交通部提出了《公路水路交通行业管理暂行办法（征求意见稿）》，初步明确了加强行业管理的若干基本问题。

加强行业管理的出发点是：为了适应改革开放的新形势、新情况，对迅速发展的多层次、多渠道、多形式的运输力量，既要给予充分的肯定与重视，发挥这些运输力量的作用，防止重蹈传统观念下的集中过多，统得过死的做法；又要对这些迅速增长的运输力量，按照社会主义有计划的商品经济原则，加强宏观调控和协调，使他们各得其所，相互配合，发挥各自的特点和优势，更好地形成综合运输能力。

行业管理的目标是，通过科学的管理，协调好各方面的关系，为交通运输的再生产，提供广阔的发展前景。其一，从宏观方面规划和指导交通

运输行业经济的发展，通过对社会运量总需求的调查分析，确定一定历史时期内交通运输的发展方向、发展重点、发展规模和发展速度，合理调整交通运输的结构和布局，使其互相衔接、协调配合，形成综合功能；其二，通过加强行业管理，使交通运输 3 个层次的经济效益，即社会效益、5 种运输方式之间的综合效益以及企业的经济效益，都能得到提高，实现运输经济整体的最佳效益；其三，通过加强和完善交通立法、政策指导、安全管理、智力开发、技术保障、信息传递等，为交通运输的发展提供良好的社会环境和条件。

政府交通部门实行行业管理的任务主要是：通过行政的、法律的、经济的手段，抓好统筹规划，政策法规，综合平衡，协调配合与监督服务。

依据国民经济发展战略目标和建设规划，以及各种运输方式之间的合理分工，研究全局性统筹安排。提出公路、水路交通基础设施、运输生产、科学技术、人才开发等发展战略目标及中长期发展规划；下达运输指令性与指导性计划；编制公路、水路交通建设与重点技术改造项目计划；组织、协调公路、水路基本建设重点项目的实施；推动行业重大科研项目的研究及新技术的利用；配合有关部门，共同研究制定国土资源、水资源的综合利用。

加强方针政策指导和法制建设。按照党和国家的有关方针政策，结合交通行业特点与实际情况，研究制定发展公路、水路交通的方针和经济、技术政策，并组织贯彻实施。依据国家的立法程序和有关规定，起草制定公路、水路交通建设、运输生产以及有关支持系统的法规、条例、规章、标准、制度等，并监督执行。

建立健全行业统计、经济分析及信息传输与管理，改善交通运输的综合平衡。适时调节运力与运量之间、运力与基础设施之间，运输与各有关配套设施之间，以及建设任务与设计施工力量之间的比例关系；搞好外贸运输的“两级平衡、集中管理”工作；通过调节交通运输的结构与布局，逐步实现运输经济的良性循环。

协调交通行业内部各部门、各地区、各层次与各种经营形式之间，运输方式内部港、航、站、队之间，客、货运输之间及长、短途运输线、路班次之间，交通建设中各地区与各部门之间的关系。搞好公路、水路交通与其他运输方式间的分工协作，使交通运输内部与外部的各个方面能够实现更好地衔接与配合，推进交通运输的横向联系，提高运输经济综合效益。

加强对从事交通运输的单位、企业与个人，在执行交通运输方针、政策、法律规章、计划、规费征收等方面的检查监督；为交通运输提供信息、技术、人员培训，车船维修与安全保障等各项服务，寓管理于服务之中。

二、调整政府交通部门的职能，健全五级行政管理机构

交通运输是个社会性很强的经济部门，随着改革开放，各种运输力量的发展，经济结构发生了很大的变化，客观上要求政府交通部门必须在管理职能上进行调整，以适应新形势的需要。

为了适应职能转变，使新的职能有一个相应的载体，提出了调整和健全五级政府交通部门即：交通部，省、市、自治区交通厅（局），地、市交通局（委），县交通局，区、乡交通管理站的行政管理机构。当时的实际情况是，一些政府交通部门，原有的机构设置，与职能转变后的要求不相适应，需要作一些调整；特别是区、乡一级很多地方没有设立交通管理部门，而这一级又是交通运输管理工作的基础单位。经过几年的工作，到1987年，全国五级交通行政管理机构才基本建立和健全起来。在五级政府交通部门的管理机构设置上，相应强化了5个系统，即：规划、计划系统，政研、法规系统，安全保障系统，科研、教育系统，信息服务系统。

在政府交通部门5级管理机构中，大体上是三层次：部和省、自治

区、直辖市交通厅（局），是决策层次，主要任务是从事行业管理，进行宏观方面的决策指导。县和区（乡）两级是执行层次，主要是根据上级的方针政策负责具体管理工作，是五级行政管理的基础。中心城市（地、市）一级，既要进行行业管理，又要管理企业，是5级行政管理机构中任务繁重、头绪复杂的中间层次。1984年由南京市交通局发起，轮流组织召开“中心城市体制改革研讨会”，已历时5年，每年召开一次，分别研讨了中心城市的管理体制，深化企业改革，运输市场的整顿、治理等课题。

三、加强交通发展战略研究，做好交通运输的规划和计划工作

加强交通运输的发展战略研究，是政府交通部门从宏观上指导、调控运输发展和改善运输经济的重要方面。几年来，根据国民经济发展的现状和趋势以及交通运输的实际情况，先后在不同的范围内研究了以下有关交通运输的发展战略问题：

一是根据中央关于中国经济梯级开发的指导思想和战略部署，相应研究了全国交通运输在东部地区、中部地区、西部地区的发展的规模、速度以及相互之间的联系，提出了梯级开发的设想。

二是根据中央关于发展沿海地区外向型经济的战略，交通部于1988年提出了《交通运输为适应沿海地区经济发展战略的初步设想》：“沿海地区交通建设要以港口为中心，形成两个运输扇面：一个是与海洋运输船队相配套，形成对外运输扇面；另一个是与各种疏港运输线路相配套，形成港口与经济腹地相连接的对内运输扇面。”并相应提出了加快沿海港口建设，加快疏港公路的建设和提高沿海地区路网技术等级，扩大沿海地区内河航运能力，放宽政策、发展大中小相结合的海运船队，建立水运货运中心，建立正规的集装箱运输系统，并完善其各个配套环节，发展岛屿和岛陆之间的运输，探讨自由港和保税区问题等8项措施。

三是制定区域交通运输发展战略。辽宁、山东、湖南等省交通厅，根据整个国民经济和全国交通运输的发展战略，结合区域经济的情况，在省政府的统一领导下，在各有关经济部门特别是几大运输方式主管部门的配合下，进行了大量的研究，提出了区域交通运输的综合发展战略。

在交通运输发展规划工作中，除了按常规对“七五计划”和“八五计划”进行安排外，近几年来突出地抓了交通运输建设的长远规划工作。

1986 年开始，交通部组织了各方面的专家，对交通运输发展的长远规划进行了大量的调查、研究、论证，于 1987 年形成了《2000 年水运、公路交通科技、经济和社会发展规划大纲》。这个大纲根据对国民经济发展的预测和对我国交通运输现状及趋势的分析，提出了 2000 年水运、公路交通的发展的目标和发展的重点，争取在十多年后使我国交通运输逐步由“滞后”状态转变为“基本适应”状态。

四、加强政策指导

加强交通运输行业管理和对运输经济实行宏观调控，关键之一是要加强有关政策的调查研究和指导。随着政府交通部门的职能转变，各级政府交通部门，特别是部、省、自治区、直辖市厅（局）和中心城市交通局，对政策研究工作的重要性认识以及实际工作都有了很大程度的提高和加强。几年来，政策研究工作，大体上是围绕以下几个方面展开的。

改革开放方面有关方针政策的研究和指导：一是放宽搞活，调动各方面积极性发展交通运输事业，港口实行面向社会开放，港口建设实行“谁建谁用谁受益”，鼓励货主建码头。支持个体和联户车船的发展，为它们的发展提供必要的服务；开辟多种渠道筹集公路建设资金。二是改革交通管理体制，政府交通部门按照实现“两个转变”的要求，实行政企分开、简政放权，下放企业，逐步调整政府交通部门的职能，更好地发挥政府交通部门在行业管理和宏观经济调控方面的职能作用。三是深化企业改革。

1987 年，交通系统提出推行两个层次的承包经营责任制，并试行了一些其他承包经营形式。

党的十二大确定的把交通运输作为经济建设的战略重点之一，十三大后，党中央和国务院进一步提出对交通运输要实行倾斜政策。国务院于 1984 年底批准了提高养路费的费率，开征车辆购置附加费、港口建设费，以及贷款修路，收费还贷等政策，几年来这几笔资金主要用于全国高等级干线公路、城市出口道路、重点桥梁建设的补助以及港口建设，对提高我国干线公路质量，改善道路和港口的技术结构，发挥了重要的作用。1985 年，国务院还决定动用库存粮棉布，为贫困地区修建公路和开发内河航运，涉及 25 个省、区 880 个县。

五、逐步完善交通运输法制建设

交通运输的改革和发展，使相关的经济和管理工作，越来越需要以法律的形式固定下来，使之规范化、制度化。这是政府交通部门实施行业管理，加强宏观调控的重要手段之一。

几年来，交通法制建设主要做了三件事：一是对建国以来的交通运输法规，进行了全面系统的清理，共清理交通法规 1196 件，其中国家法律、行政法规 61 件，交通管理规章 1135 件。对其中继续有效的法规分别编辑出版了水运和公路两套《交通法规汇编（1949—1985）》。二是起草制订了一批交通法规，其中 1983 年全国人大常委会颁布了我国第一部交通法律《中华人民共和国海上交通安全法》；国务院批准发布或批准交通部发布的行政法规有 37 件；交通部颁布的交通管理规章有 508 件（其中有 13 件与其他部委联合发布）。三是制订了交通部的立法规划，根据这个规划有些法规正在起草，有些已报国务院待批。

我国交通运输法规的制订体系，是以国家法律、国务院行政法规和交通部管理规章 3 个立法层次为主体，以各地方交通运输法规为补充，分为公路、水运、安全3个主要方面相互协调的总体结构。在各有关方面的共同努力下，我国交通法制建设取得了较好成绩，在几个主要方面，已有了一批基本的法规，为依法治理交通提供了依据。

在公路运输方面，以《中华人民共和国公路管理条例》、《公路运输管理暂行条例》、《车辆购置附加费征收办法》等为主体，相应制订了一批公路建设、公路养护、公路管理、公路运输、公路规费征收等方面的实施细则和规章；在水路运输方面，以《中华人民共和国航道管理条例》、《中华人民共和国水运运输管理条例》、《国务院关于改革我国国际海洋运输管理工作的通知》以及《中华人民共和国国务院关于中外合资建设港口码头优惠待遇的暂行规定》等为主体，相应制订了一批航道建设、航道管理、水上运输管理以及吸收外资等方面的实施细则和规章；在交通安全管理方面，以《中华人民共和国海上交通安全法》、《中华人民共和国内河交通安全管理条例》，国务院发布的《中华人民共和国对外籍船舶管理规则》等为主体，相应制订了一批有关船舶、船员、救捞、防污染等方面的实施细则和规章。这些法律、行政法规和管理规章的制定，不仅有利于加强各有关方面的现实管理工作，而且为进一步完善交通立法打下了较好的基础。

六、整顿治理运输市场，取得初步成效

随着改革的深入，多形式、多渠道、多层次运输力量的发展，部门所有、地区分割，封闭式的运输市场格局已被打破，促进了运输市场的繁荣和发育，逐步形成了多家经营、相互竞争的局面。与此同时，运输市场出现了很多新的情况和问题，主要是：宏观调控不力，运输的结构和布局不合理，各种运输力量不能各得其所，难以发挥各自的优势；运输市场的规则不完善，缺乏平等的竞争条件，竞争机制难以充分发挥作用，运输经济缺乏自我调节功能；管理体制上尚存在政出多门的情况；违法、违章经营

比较普遍，行业不正之风严重。为了加强行业管理，从宏观上对运输经济进行间接调控，必须要在培育运输市场的同时，加强运输市场管理，重点解决好这3个方面的问题：

（一）加强宏观调控，改善对运力和货源的管理工作

在我国改革的初始阶段，改革侧重于放宽搞活，是完全正确的。但是，我国是社会主义国家，实行的是有计划的商品经济，在放宽搞活的同时，必须注意加强宏观调控，否则就会出现“一拥而上”和“唯利是图”的偏向，并难以形成合理竞争的运输市场。首先是抓了运力结构的调整，使车、船运力的发展，大体上与客、货资源相适应，并与道路、航道、港口，车站等基础设施的承受能力以及油料供应取得相对平衡；各种运输力量的经营范围、经营内容、运行线路，作出合理的分工，争取使其各得其所；其次加强对客、货源的组织和管理，务使交通运输业基本社会职能的发挥符合国民经济和社会发展的需要，圆满地完成国家重点物资、抢险救灾物资，以及一些具有特殊性的运输。继续放宽搞活运输市场，任何单位和个人不得垄断货源，不得搞部门之间、地区之间的封锁和分割，要提倡承、托双方直接见面。为了沟通承、托运双方的供需渠道，保证承、托运双方的合法权益，政府交通运输部门正在有步骤地组建面向社会开放的水、陆货运交易中心，为社会各方面提供货源、运力信息等各种服务。

（二）整顿运输市场秩序，逐步完善运输市场规则

各种运输力量进入运输市场之后，在竞争中必须遵循一定的行为规则，依法经营。对从事水路、道路客货运输（包括出租车、旅游车）、搬运装卸、汽车维修、运输服务的单位和个人进行了清理整顿，审核其经营情况是否符合法规和政府政策的规定，对开业和停业，严格按照审批程序办事。逐步完善运输市场规则，使从事客运的车船，能按核定的线路、班次、港站从事运输；从事货运的车船，能根据运输供需情况，逐步形成在

经营范围方面的合理分工。参加经营性运输的车船，必须实行独立核算，遵守国家的运输政策，按有关规定交纳税费，使用统一的票证单据。

（三）逐步改善运输管理体制

统一的运输市场，必须有一个统一协调的从事行业管理的管理体制。

10 年来，交通运输管理体制的改革，遵循党的十一届三中全会确定的改革开放的方针，结合交通运输业的实际情况，在不断探索中前进。但应该看到，随着管理体制的改变，也出现了很多新的问题。主要是：第一，随着政府交通部门职能的转变、交通部门内部的职责分工，有待于进一步明确划分；在外部关系上，由于改革进程不同步，还存在管理多头、政出多门的情况，需要协调。第二，政府交通部门的职能，转向行业的行政管理，但许多重要管理手段，特别是直接影响运输经济发展的经济手段，如运价、信贷、税收、利率、燃物料供应等，由于客观上的原因，一时难以同步实施，严重制约了政府交通部门对宏观经济实行调控的功能。第三，人员的素质跟不上改革的要求，政府工作人员，在观念上，工作方式方法上，以及知识结构上需要更新，这个要求难以在短时间内达到。这些新的情况和问题，决定了管理体制改革，还将要有一个较长时间逐步完善提高的过程。

注：这是 1989 年一篇文稿中的第二部分，采用时，作了一些压缩。

《实业计划》与港口建设

中山先生在《实业计划》中，把港口建设放到十分重要的位置。他深刻地指出，港口是“中国与世界交通运输之关键”，并认为应以港口为“中枢”，综合安排交通和其他实业的发展。为此，中山先生根据“国民之最需要”“地位之适宜”等原则，潜心规划，提出要在我国沿海建设三个大港、四个中港、九个小港。中山先生的这些论述和设想，在今天仍然具有重要的意义和借鉴价值。

由于历史的原因，中山先生设想的港口建设蓝图，在他有生之年和以后相当长的时间内未能得到实施，我国的港口始终处于十分落后的状态。只有到新中国成立之后，在共产党领导的社会主义制度下，我国的港口建设才获得了生机，进入了一个蓬勃发展的时期。在四十年建设中，不仅对原有老港进行了改建、扩建，而且先后在湛江、防城、张家港、石臼、岚山头、深圳、洋浦、乍浦等地，新建8个深水港。港口的深水泊位已由建国初期的61个发展到253个。完成的货物吞吐量由建国初期的1000万吨左右提高到5亿吨，目前，我国沿海已拥有大、中、小港口约200个，像一条灿烂的明珠镶嵌在1万8千公里的大陆海岸线上。可以说，中山先生当年的筑港遗愿，已在中华大地成为现实并有新的开拓和发展。

（一）

中山先生在《实业计划》中提出，要在我国沿海建设三个大港，即北方大港、东方大港和南方大港。

按照中山先生当时的设想，北方大港拟建于“直隶弯中”“大沽口、秦皇岛两地之中途”。由于地理条件的原因，后来的港址有些变动，而在相临地区，已先后发展起若干现代化港口。

秦皇岛港，原来只是开采煤矿的一个煤码头，1950 年时，货物吞吐量只有 88 万吨，现已建设了一批煤炭、石油等专业泊位和堆货泊位，其中深水泊位有 16 个，1988 年完成吞吐量为 5812 万吨；已成为我国以能源输出为主的综合性大港，煤炭吞吐量为全国沿海煤炭总输出量的 70% 以上，对华东、华南地区的经济建设发挥着重大的作用。该港煤三期工程，已于 1989 年建成投产，年新增装船能力 3000 万吨。

天津港（大沽口）于 1861 年开辟为港口，但一直发展缓慢，到新中国成立初，实际吞吐量仅为 89 万吨，经过 40 年的新建、扩建，到 1988 年底已拥有泊位 46 个，其中深水泊位 26 个，年完成吞吐量 2109 万吨，其中外贸吞吐量为 1667 万吨，是我国主要外贸港口和重点国际集装箱港口之一。

与天津港遥遥相对的大连港，在建国前算是基础较好的一个港口，但在解放初期，吞吐量也只有 182 万吨，现在已发展为有 6 个港区、55 个泊位，其中深水泊位 28 个，吞吐量达到 4853 万吨，其中外贸吞吐量为 3451 万吨，居全国沿海港口外贸吞吐量之首，是我国东北地区水陆交通枢纽。目前该港与世界 140 多个国家和地区有贸易运输往来，每年平均有近 3000 艘次外贸船舶进出港口。在改造老港的同时，现正在建设大窑湾新港区，到 2000 年，这里将建成集装箱、钢铁、粮食、多用途及其他泊位组成的现代深水码头。

（二）

《实业计划》中的东方大港，中山先生原设想有两个港址，一是上海，一是杭州湾北侧的“乍浦峡与澉浦峡之间”。

上海港，过去就是我国最大的港口，但到建国初期，货物吞吐量也只有246万吨，到1988年上海港已拥有泊位104个，其中深水泊位有48个。1985年，港口吞吐量突破了1亿吨，成为世界上10个亿吨港口之一。1988年吞吐量达到13000多万吨，其中外贸物资吞吐量达2700万吨，上海港是我国开展集装箱运输最早的港口之一，1988年吞吐31万个标准箱，现有10条集装箱班轮航线，挂靠20个国家和地区的30多个港口。为了适应国民经济的发展和对外贸易的需要，将要在浦东开辟新的港区。值得提出的是，从南京开始的长江下游，已形成一个以上海港为中心，由南京港、镇江港、张家港、南通港等组成的港口群体，其中，南京港1988年吞吐量达到4244万吨。

中山先生设想的东方大港第二港地，在杭州湾北侧的乍浦，目前乍浦港建设正在起步，规模尚小。但在杭州湾南测口，北仑港区，经过几年的建设，已迅速发展成具有现代化程度较高的大型矿石中转码头。由北仑、镇海、宁波三个港区组成宁波港，已有泊位31个，其中深水泊位10个，1988年完成货物吞吐量2000多万吨。

（三）

中山先生说："吾人之南方大港，当然为广州"，这里"既为中国南方内河水运之中轴，又为海洋交通之枢纽也"。中山先生对广州港寄予了深切的期望，但到1952年，广州港的货物吞吐量只有47万吨。目前的广州港，已拥有泊位98个，其中深水泊位22个，1988年货物吞吐量已达到4735万吨，其中外贸物资吞吐量为1244万吨。成为我国华南地区的综合性海港，也是我国重点国际集装箱港口之一。而且，以广州港为中心，由蛇口、深圳、珠海等港口，逐步形成了一个相互联系、相互补充的珠江口港口群体。

（四）

中山先生在《实业计划》中提到的4个中等港是：营口、海州（连云港）、神州、钦州；9个小港是、葫芦岛、黄河港、芝罘（烟台）、宁波、温州、厦门、汕头、電白、海口。在这13个港口中，除少数几个港的港址有变动或作为其他用途外，营口港、烟台港、连云港、温州港、福州港、厦门港、汕头港、湛江港（靠近中山先生设想的電白港附近）、海口港、防城港、北海港均已发展成为我国沿海的重要港口。在中山先生《实业计划》中未提到的，新中国成立后经过扩建、新建具有较大规模和技术装备水平的还有：青岛、石臼等港口。青岛港现拥有泊位60个，其中深水泊位16个，可停靠5万吨级货轮和20万吨级的油轮，1988年港口吞吐量为3100万吨，石臼港是十一届三中全会以后新建的港口，目前已有3个深水泊位，年吞吐量达到700多万吨。

（五）

在新中国成立后40年的港口建设中，党的十一届三中全会以来的十年，是港口发展的最好时期。根据中央、国务院改革、开放的方针，港口的建设和管理采取了一系列的改革，在资金政策上，广辟资金渠道，制定了吸收外资的优惠办法，几年来吸收外资改造和新建码头泊位57个；对内鼓励货主建设专用码头，中央地方共同建设码头或集资建设码头，实行“谁建、谁用、谁受益”。这些政策措施有力地促进了港口建设的发展。其主要特点，一是建设速度明显加快，1978年底我国港口深水泊位为133个，到1989年底我国深水泊位已发展到253个，十一年中新建120个，接近前30年新建泊位总数的2倍；二是港口现代化程度有了显著的提高，10年来先后建起了一批集装箱、油、煤、矿石、粮食等专业码头和技术装备水平较高的件杂货码头；三是港口的布局和结构有了进一步的改善，随着港口和泊位数的增加，港站布点密度明显提高；各种用途的码头、泊位相继建成投产，大大提高了港口的综合功能；港口内部的仓储、集疏运条件也有一定程度的改善。四是加强了与国外的联系和合作，吸收了一批外资建设港口，引进了国外部分技术装备和管理经验，办起了一批合资项目，这些措施有效地促进了我国港口现代化建设。

我国港口的建设从自身纵向比较，应该说发展是快的，但由于原来的底子太薄，目前在国民经济中，仍然处于滞后状态，压船压港的现象时有发生。交通部最近对我国水路、公路交通建设，提出了一个长远规划设想：打算用几个五年计划的时间，在发展以综合运输体系为主轴的交通业的总方针指导下，统筹规划，条块结合，分层负责，逐步建设公路主骨架、水运主通道、港站主枢纽，以适应国民经济和社会发展的需要。港站主枢纽，主要是："重点建设与水运主通道、公路主骨架相连接的沿海、内河港口和公路交通枢纽，形成多功能的对内、对外两个运输辐射扇面。继续发展大连、营口、秦皇岛、天津、烟台、青岛、石臼、连云港、上海、宁波、温州、福州、厦门、汕头、广州、湛江、防城、海口等18个枢纽港，开发建设大连大窑湾、宁波北仑、福建湄州湾、深圳大鹏湾4个国际深水中转港；建设长江的重庆、武汉、南京及其他内河枢纽港；分层次的发展对外开放城市、开发区和岛屿的中小港口。沿海港口的泊位要达到2000个，其中深水泊位要达到1200个。"

面对未来，我国港口建设"任重而道远"。中国人民在中国共产党的领导下，将继续坚持改革开放的方针，在已有基础上，逐步实现更加宏伟的目标，使中山先生在《实业计划》中提出的港口建设规划，在新的形势下，得到进一步的发展，镶嵌在我国沿海和内河的港口明珠，一定能够发出更加灿烂的光彩。

《人民日报》1990年3月9日

对各种运输力量协调发展的探讨

“各种运输力量如何协调发展”这一课题，涉及到运输经济中很多深层次的问题，这里仅提出一些初步看法，供进一步研究参考。

一、各种运输力量的现状

改革开放以来，交通行业采取了一系列放宽搞活交通运输的政策措施，各种运输力量均有较快发展，运输经济的结构发生了很大变化。目前我国公路、水路运输从大的方面可以用两种结构来划分：一是从经济性质上划分，有国营运输企业、集体运输企业和个体运输（包括少量私营企业）；二是从运输承担的社会职能上划分，有面向社会、为社会服务的公用型运输（交通部门运力和个体运力）和主要为本单位服务的自用型运输（企事业单位自备运力）。

第一种结构的情况：1978 年底至 1988 年底，全社会公有制运力的汽车由 135.8 万辆发展到 403.9 万辆，增长了 197.4%；船舶载重吨由 1751.8 万吨位（估算）发展到 2980.9 万吨位，增长了 70.1%。个体运输的车船基本上是从无到有，现有汽车 60 万辆，船舶 479 万载重吨。1988 年底，全社会公有制运输车、船分别占总运力的 87% 和 86%，个体运输车、船则占总运力的 13% 和 13.8%。公有制运力和个体（联户）运力之间的结构比例大约是：汽车为 6.73∶1，船舶为 6.22∶1。

第二种结构的情况：1978 年底到 1988 年底，面向社会公用型运力（交通部门专业运输企业和个体运输）的汽车由 19.35 万辆增加到 93.45

万辆，增长了382.9%；船舶由1592.5万载重吨增加到3125.6万载重吨，增长了96.3%。自用型运力的汽车由116.49万辆增加到370.6万辆，增长了281.1%，船舶则增加不多。1988年底，全社会公用型运输的车、船分别占总运力的20.1%和90.3%，自用型运输的车、船则占总运力的79.9%和9.7%。公用型运力和自用型运力之间的结构比例大约是：汽车为0.25∶1，船舶为9.30∶1。

在第一个结构中，可以明显看出，个体运输从无到有，在改革10年中发展最快。在第二个结构中，自用型运力发展的相对速度不算快，但绝对数有很大增长。值得注意的是，公用型运力中，交通部门专业运输企业拥有的汽车只增长了72.7%，占全社会总运力的比重由14.2%下降到7.2%，若从1984年算起，大约每年下降一个百分点。

二、对当前运输结构的几点看法

10年改革，改变了我国运输经济单一的所有制结构，交通运输出现了“一起干，一起上”的新局面，有效地促进了运输生产力的发展，提高了交通运输为国民经济和社会发展服务的适应程度。目前各种运输力量的结构比例关系，从总体上看，是我国现阶段生产力发展水平的客观反映。当然，在一些方面，也确实存在着需要研究和解决的新情况、新问题。

1. 交通部门专业运输力量发展相对缓慢、比重下降是一个值得注意的问题。交通部门的专业运输企业是交通行业的主导、骨干力量。它不仅是公有制性质的企业，代表着社会主义生产关系的主要方面，而且是面向社会服务的，承担着国家重点物资、外贸物资、大宗物资、抢险救灾、国防战备物资以及旅客运输任务。它在各种运输力量中，组织化程度高，经营管理基础好，运输效益比自用型运力和个体运输要高得多。

但是，近几年来，交通部门的专业运输企业运力发展相对迟缓，车辆增长同全国民用汽车保有量的增长速度之比为1∶3.35，年递增率之比为1∶1.13。出现这种情况的主要原因：一是多层次、多方面、多形式的运力发展，反映在运输结构中，比例关系会发生一些变化。二是几种运输力量发展的条件有所不同。个体运输负担较轻，经营灵活，资金回收快，可以自购和靠贷款发展运力；自用型运力的投入和经营，有本企业作为依靠，并且主要是保障企业的综合效益；相比之下，国家对专业运输企业的运力发展资金投入不足，而运输企业由于种种原因，自身又难以形成自我积累和自我发展的良性机制。

对专业运输企业运力相对下降的趋势，应该引起充分的重视。

2. 对个体运输的作用与发展的看法。个体运输经过10年来的发展，在总量上已形成一定规模，1988年完成的公路和水路客运量、客运周转量、货运量、货物周转量分别占全社会运输总量的19%、8.1%、24.8%和3.6%，为缓解运输难的状况，繁荣城乡物资交流，促进运输市场发育，解决劳动就业等，发挥了积极的、重要的补充作用。个体运输的服务对象，营运范围，基本上是为本地区、农村短途支线完成客货运输，弥补了专业运输企业为社会服务的覆盖面和深度的不足。但个体运输确实也存在着消极的一面，主要是经营行为问题较多、技术状况差、事故频繁。权衡利弊，发展个体运输是必要的，但需要研究和掌握发展的“度”，加强引导和管理，更好地发挥个体运输的积极作用，克服它的消极面。

3. 对社会企事业单位的运力发展的看法。社会企事业单位的运力是公有制性质，有的已形成一定的规模经营。目前，不少大型企业的运力有逐步向专业化运输发展的趋势，如已经出现的搅拌水泥运输、预制构件运输、散装运输、液体和气体运输等。这些社会企事业单位的运力，对本企业生产、生活起着重要的保障作用，对缓解社会运输有卓越贡献，从社会整体效益来说是应该肯定的。同时，根据我国目前的经济体制和投资渠道，还很难使专业运输力量替代企业自用型运力，运输的社会化和商品化程度也不可能在短时期内得到很大提高。因此，继续依靠各方面的积极性办运输，是符合实际情况的。但是，对社会企事业单位的运力服务范围和承担的任务应有大致的划分，即主要是满足本企业或本系统生产、生活诸方面的需要，在运力有余的情况下，可以适度参加社会运输。

三、关于各种运输力量协调发展的一些建议

在各种运输力量的发展中，当前普遍关注的是公路运输如何做到合理分工，各展所长，各得其所，形成良好的运输经济效益。

1. 如何发挥专业运输力量的骨干作用。历史上曾经采取过“三统”的做法，基本上是单纯运用行政手段，保护交通部门的专业运输企业，结果是集中过多，统得过死，限制了各种运输力量的发展。放宽搞活以后，其他运输力量有了迅速的发展，专业运输力量却出现了比重相对下降的趋势。对这个问题，既不能回到“三统”老路上去，又要保证专业运输力量在运输行业中的主导、骨干作用，这里需要研究和解决的问题很多，但关键是要给专业运输以具有活力的政策和提高专业运输企业的技术装备水平，类似部队的野战军，必须配备相应的重武器，才能发挥野战军的作用。从目前的运输格局来看，个体运输主要承担零散物资运输、支线运输任务；企事业单位的运输力量，主要完成本单位生产、生活需要的物资运输；交通部门的专业运输力量主要承担大宗物资、重点物资、抢险救灾物资运输和旅客运输等。交通部门的专业运输企业要完成这些任务，必须要有相应的运输装备条件，如果缺乏这些条件，自身适应程度很低，必然会制约专业运输力量主导、骨干作用的发挥，并对经济的发展和满足人民生活需要产生不利的影响。

交通部门的专业运输企业要提高技术装备水平，遇到的突出问题是资金不足，必须在政策上予以扶持。目前每年国家用于汽车更新的贷款只有3亿元，缺口将近一半，连简单再生产都难以维持。我们设想，是否能以

提供低息或无息贷款的办法，向专业运输企业提供专项资金，集中用于购置大吨位车、集装箱车、特种车等，逐步提高专业运输的技术构成。如每年能拿出6000万元进行贴息，则可向企业提供近四亿元的贷款，每年可更新2500辆车左右（按客车和大吨位特种车辆15万元/辆估算），5至10年就可形成一支相当规模的具有现代化水平技术装备的运输力量。贴息资金的来源可以考虑在返还的能源交通基金中解决（客车贷款的贴息还可考虑在地方征收的客运附加费中调剂一部分）。目前，大多数省、市都不同程度地返还了一些能交基金，如用返还的能交基金作为专业运输企业车辆贷款的专项贴息资金，实施难度相对会小些。

另一个途径是，提高交通部门专业运输企业的设备折旧率，把折旧周期由二十年缩短到十年或更短的时间，并允许企业把折旧费与大修理基金捆起来使用，以利于这些企业加速改造现有装备。

2. 改进对社会企事业单位运力的管理方式和管理办法。这部分运力由于隶属于其他经济部门或企事业单位，交通部门实施的管理深度有一定的限制。但这部分运输力量又是运输行业的重要组成部分，必须要纳入交通行业管理。近年来一些省、市进行了一些管理方式方法的探索，主要有：

——提高企事业单位运力的组织化程度。车辆达到一定规模的，要建立经济实体，实行独立核算。这样做既有利于提高经营效益，便于行业管理，也将为各种运输力量创造一个平等的竞争条件，促进运输市场机制的日趋完善。

——试行企事业单位自备运力定编的办法。在划分营业性和非营业性运输的基础上，根据本单位货运量和适当承运部分社会运量的综合测算，核定非营运车辆拥有量，并配套实行更新车辆和增加运力报批制度。这种做法有利于控制运力的盲目增长，大致划清企事业单位自备运力的营运范围，对各种运输力量的合理分工有好处，但执行起来难度很大，需进一步探索。

3. 对个体运输要加强引导和管理。对个体运输的管理，过去已陆续形成了一些管理制度和办法，近些年各地正在探索一些新的管理方式，主要有：

——建立个体运输协会，自我管理，自我监督。协会的主要任务是：对个体运输经营者进行政策教育、法制教育和技术业务知识培训；沟通政府交通部门和个体运输经营者的联系渠道；保护个体运输者的合法权益，对不法行为进行监督。

——根据国务院关于加强个体户税收管理的有关规定，逐步推行建立个体运输户银行账号，通过银行监督和代扣税款，杜绝个体运输经营者用现金行贿、给回扣和偷漏税款等不法行为。

——加强区（乡）交管站建设，对个体运输户实行综合性的源泉管理。

4. 加强货源管理。对重点港站、货源批量达到一定规模的货源点，与有关部门、单位相配合，实行指导性计划管理，推行合同运输，车货接合，分工包运，使有车单位和货主单位形成相对稳定的承托运关系。建立面向社会服务的信息配载中心和货运有形市场，沟通供需渠道，为各方面提供配载信息服务，提高货物运输的社会化、商品化程度。

以上只是一些很粗浅、不成熟的看法，今年我们拟就这一问题作进一步的调查研究：一是对总的结构情况继续进行综合研究；二是对各种运输力量进行分专题研究，进一步弄清社会企事业单位运力和个体运输的基本情况，同时侧重探讨专业运输企业运力所占比重下降的原因和相应的对策；三是从加强行业管理的角度对宏观调控的问题进行调查研究，争取提出一些基本设想和思路。

《政策与法规》1990 年 3 月

努力把政策研究和法制建设提高到一个新水平

政府交通部门管理体制的改革，大体上是沿着双向轨迹发展的。一方面是加强行业管理，对运输经济实行间接的宏观调控；另一方面是下放企业，扩大企业经营自主权，弱化政府部门对企业具体经营活动的干预。这种职能转变，使各级政府交通部门，面临着大量的新情况和新问题，使原来就十分重要的政策研究和法制建设，更加具有紧迫性。

几年来，交通系统的政策研究和法制建设，在各级领导的关怀和支持下，做了大量的工作。在政策研究方面，就改革管理体制，深化企业改革，探讨交通发展战略，开拓交通建设资金渠道，发展多层次多形式多渠道的运输力量等课题，进行了大量的调查研究和理论探讨，提出了一些建议性方案，为各级领导的科学决策，发挥了一定的参谋、助手作用。法制建设方面，这几年经全国人大和国务院批准颁布的交通法规有 15 件，交通部或交通部与其他部委联合发布的规章有 24 件。其中主要的法规有：《中华人民共和国海上交通安全法》、《中华人民共和国公路管理条例》、《中华人民共和国航道管理条例》、《中华人民共和国水路运输管理条例》等。各省、市交通厅局，也相应制定了不少地方性交通法规。政策研究和法规建设越来越受到各级领导的重视，加强政策指导，以法治交通的观念普遍增强，多数省、市加强了交通政策研究和法制工作的机构，有些省、市已初步形成了这方面工作的网络。

但是，目前交通政策研究和法制工作，与客观要求差距还很大。行业管理体制，交通产业政策，宏观调控功能、企业经营机制等重大的政策问题，研究的深度和系统性都还很不够；法制建设中有些基本法规亟待制定，已颁布的一些基本法规，有待进一步配套和完善，法规执行过程中的一些矛盾和问题，有待于协调解决。更好地发挥政策的指导作用，更好地通过法制建设，使我国的交通运输进一步实现法律化、规范化、制度化，将是一项长期的任务。

为了把交通政策研究和法制建设工作提高到一个新的水平，根据各地的经验，当前要进一步解决好以下几个问题：

第一，领导的重视和支持，是搞好政策研究和法规工作的前提

交通运输部门是专业性的经济部门，务实性很强，领导的精力往往忙于处理大量的具体业务，加之长期处于高度集中的计划经济模式下，形成了一套用行政命令直接干预企业经济活动的习惯做法。这种历史的原因，造成交通部门对软科学的研究非常薄弱，反映在政策研究和法制工作上的理论探讨、基础工作、经验积累以及人员素质，都有些先天不足。而交通政策研究和法制工作，又面宽量大，要求较高，在这种情况下，要能使这项工作逐步开展起来，并取得积极成果，必须要有各级领导的重视和支持。

领导的重视，主要体现在三个方面：一是在安排全局工作的时候，要把政策研究和法制建设，作为加强对全行业管理的一个重要手段，提到重要议事日程上来，进行统一部署；二是领导要亲自主持与参与一些重大政策课题的调查研究和法规的审定工作；三是注意发挥政研、法制工作机构的作用，从工作的指导思想、任务要求以及一些实际问题，给予帮助和支持。当然，政策研究和法制工作能否得到领导的重视，更主要的还是要靠从事这方面工作的同志积极主动地向领导汇报请示，努力做好自身的工作，更好地为领导当好参谋助手，以自己的工作成效来争取领导的帮助和支持。

第二，选择好政府交通部门政策研究工作的角度和重点，是抓好政研

工作的关键环节

政府交通部门的政策研究机构，应该从哪个角度开展研究工作，是一个十分重要的问题。它是直接为交通运输的发展和交通运输的改革服务的，研究的内容必须与实际工作相衔接，研究的成果要为领导的科学决策提供依据，具有较强的应用性，有助于指导实际工作。它既与科研单位、大专院校侧重于理论的研究和探讨，有所区别；又与交通内部各个业务部门，为处理具体业务工作所进行的调查研究有所不同，而应该侧重于对具有普遍意义的问题进行较高层次的研究，探索运输经济活动中具有规律性的东西，要有一定的深度，要在定量的基础上进行定性分析，提炼出对全局有指导意义的思路和见解。研究得过虚，就会形成与实际工作脱节；研究得过实，又会与一般业务工作的调查研究雷同，失去从较高层次上，对实际工作的指导作用。

交通政策方面需要研究的问题很多，必须要选择好研究的重点，才有可能集中力量，提高研究质量和研究成果的利用系数，减少无效劳动。从以往的经验看，选择研究的重点：一是，要根据一定时期内交通系统的中心工作来确定研究课题，使政策研究与实际工作安排相衔接，直接为领导的决策服务。这样，研究的成果才能更好地被采用，也有利于领导将研究工作纳入总体安排中去，取得领导的支持和帮助；二是政策研究工作要有适当的超前性，要注意研究在深化改革中出现的新情况、新问题，及时为领导当好参谋。政策研究如果没有超前性，就会失去它应有的指导作用；三是，要加强对当前工作中“热点”、“难点”问题的研究，为领导提供情况，提出解决问题的建议。

法制建设也应有类似的要求，要集中力量抓好交通运输工作中的迫切需要解决的问题，对各种法规的制定作出先后次序的安排。

第三，充分利用各方面力量，形成各个层次的网络，是加强政策研究和法制工作的基本保证。

目前，交通系统内外，关心和从事交通政策研究和交通法制建设的，大体上有三部分力量：一是，交通系统外部的科研院、所和大专院校、社会团体中有相当一部分从事交通运输研究的专家学者；二是，交通系统内部的科研院、所、大专院校、学会、协会，也有相当一部分专家学者和长期从事交通运输工作，具有丰富业务知识和实际工作经验的老同志；三是，政府交通部门和一批大型交通运输企事业单位内设置的政策研究和法制工作的机构或这方面的专业工作人员。

近些年来，这几个方面力量，从不同的角度，不同的层次，对运输经济理论、交通政策和法制建设进行了大量的调查研究和理论探讨，提出了很多有深度的见解和建议，对交通运输的发展和改革，起到了积极作用。交通运输的政策研究和法制工作必须要开阔视野，重视各方面的力量，注意发挥各方面力量的作用，才有可能打开新的局面。但是，这几部分力量，由于各自的工作岗位不同，隶属关系不同，研究的重点、研究的层次、研究的方式以及研究成果的利用情况，也有所差别。如何加强相互交流，取长补短，使研究成果从总体上更加系统、更加完整、更好地与实际工作相衔接，形成一种合力，是要进一步研究解决的问题。从当前的现实情况出发，可考虑采取以下几种做法：一是，建立与各种研究力量的联系渠道，加强研究成果和有关信息的交流；二是，就共同关心的问题，组织一些研讨会和政研成果、法规文件评审会；三是，就政策研究和法制工作某些问题，约请有关专家学者，参与调查研究或进行咨询。

为了形成多层次的网络，首先要加强政府交通部门政策研究和法制工作的机构建设，使他们能够成为交通政策研究和法制建设工作中的骨干力量，发挥其主体作用。一方面，这些机构自身要能够承担起一部分综合性的政策研究和重要的法规文件的起草、修订工作；另一方面，要能够负责起管理和组织协调的职能，如：制定政研法规的规划、计划，安排研究课题，拟订法规项目，组织调查研究、研讨、成果审定以及有关咨询活动，以及对社会各方面的研究成果，进行综合归纳，吸收利用。要能达到这样的要求，必须进一步加强政策研究和法制工作的机构建设和人员配备，并不断提高这支队伍的素质。一九八五年全国交通工作会议上，在提出建立健全五级交通行政管理体制时，即同时提出：要强化政策法规等五个系统。这几年，虽然有很大改善，但发展不够平衡，需要进一步加强和完善。

在治理经济环境、整顿经济秩序，全面深化改革中，交通政策研究和法制建设的任务是十分繁重的。政策研究的重点是：根据国家的产业政策，研究交通在国民经济中应有的地位，提出国家对交通倾斜政策的建议，研究调整交通运输内部的结构和各种比例关系；进一步整顿治理运输市场和深化企业改革，改善企业的外部环境和内部经营机制，促进运输经济的良性循环。法制建设的重点是：加速交通基本法规的制定；抓好已颁布的交通法规的后续工作；逐步开展交通系统的法律咨询和法律顾问工作。

政策研究和法制工作，尽管难度很大，但这项工作已逐渐受到各个方面的重视，近几年，通过工作实践，已有了一定的基础，只要注意加强自身建设，不断积累经验，完全有可能开创出新的工作局面，更好地适应交通发展和改革的要求。

《政策与法规》1990 年 6 月

对“八五”期间交通发展的思考

全国交通工作会议，对“八五”期间交通发展的任务和指导思想，作了明确的部署和阐述，如何贯彻这次会议精神，需要认真研究和探索一些问题。

一、对“八五”阶段的认识

历史总是在不断前进的，时空的推移是历史的自然属性，但在历史发展的长河中，各个不同的历史阶段，有着不同的特点和需要解决的问题，人的主观能动作用，就在于正确地认识这些特点，作出符合客观实际的决策，推动历史向更高的层次发展。

党的十三届七中全会通过的《中共中央关于制定国民经济和社会发展十年规划和“八五”计划的建议》，确定了我国从“八五”开始到本世纪末，实现第二步战略目标的行动纲领，使我国国民生产总值再翻一番，人民生活达到小康水平，进一步提高国民经济的整体素质。实现这个战略目标，对我国社会主义制度的巩固和发展，具有十分重要的意义。交通运输是我国国民经济中的基础产业，一定要从国家战略大局出发，精心安排，更好地为“八五”和今后十年的国民经济和社会发展服务。

从交通自身来说，“八五”是我国交通发展承上启下的转折时期。“七五”是我国交通改革全面展开的五年，也是交通基础设施建设，取得突破性进展的五年，“七五”的成就和经验，为“八五”打下了很好的基础。但应该看到，“八五”工作的要求更高了，一方面要巩固和发展“七五”的成就和经验，保持已有的发展势头，同时，要根据“八五”面临的新形势、新要求，研究新情况、新问题，开拓工作的新领域。由于“八五”工作的起点和深度更高了，与“七五”相比，会更加艰巨。

我国交通建设将从“八五”开始，用几个五年计划时间实施公路主骨架、水运主通道、港站主枢纽的长远规划设想。新中国成立后，由于我国交通的基础十分落后，交通建设在很大程度上带有“还账”的性质，交通基础设施建设，不仅等级很低，而且多半是缺什么，补什么，难以作出系统安排，形成总体综合功能。经过几十年的努力，特别是改革以来的发展，交通的面貌有了较大的变化，为进一步的发展奠定了较好的基础。这个长远规划设想正是在这个基础上提出来的，它标志着中国交通发展将进入一个重要的转折阶段。实现这个长远规划，是我们交通系统广大职工翘首以待的光荣而艰巨的历史任务。“三主”设想的实现，将大大提高我国公路、水路交通的现代化水平，使我国交通运输基本适应国民经济和社会发展的需求。“八五”期间，是实施“三主”长远规划的起步阶段，必须要把起步抓好，为实现长远规划创造一个好的开端。

二、关于“八五”期间交通工作的指导方针

十三届七中全会，对今后的十年规划和“八五”计划，制定了一系列基本的指导方针。交通系统必须要认真地学习贯彻这些方针，以这些方针统一我们的认识，指导我们的实践活动，使交通系统的各项工作沿着正确的方向发展。联系交通系统的实际情况和任务，全国交通工作会议提出，“八五”期间交通发展的主要指导方针是：

第一，坚持改革开放，不断深化，完善各项改革措施。

改革开放是党的基本路线的重要内容，必须长期坚持。交通改革在“七五”期间，取得了显著成效，“八五”期间要在这个基础上，进一步深化、完善、提高。在管理体制上，要进一步健全五级行政管理机构，逐

步理顺关系，在加强行政手段的同时，要更好地运用法律手段和经济手段，把行业管理提高到一个新水平；继续完善各项放宽搞活的措施，调动各方面积极性，发展交通事业，对有利交通发展的各项方针政策要保持相对的稳定性和连续性；进一步完善企业经营承包责任制，承包经营的目的是要增强企业活力，形成企业自我奋进、自我约束机制，落脚点应放在责任制上，明确企业对国家的责任，职工对企业的责任，只有更好地调动广大职工积极性，做到尽职尽责，提高劳动生产率，提高经济效益，企业才能具有活力。

第二，更好地为国民经济和社会发展服务，提高交通运输适应程度。

交通运输的根本任务是要为国民经济和社会发展服务，为了满足需求，必须不断提高交通运输的适应程度。“八五”期间要根据《中共中央关于制定国民经济和社会发展十年规划和“八五”计划的建议》精神，以及区域经济发展的安排，认真作好全国和地区的交通运输的发展规划和计划，确保交通发展与整个国民经济及社会发展的要求相衔接，为全局的发展提供运输保证；要继续贯彻“一支三保”的方针，要逐步改善农村的交通条件，确保支农物资、外贸物资、人民生活必需品的供应以及旅客运输；进一步贯彻交通产业政策，通过调整，使交通运输的布局日趋合理，交通内部的结构更加协调，逐步提高交通运输在国民经济和社会发展中的总体功能和综合效益。

第三，抓好主干工程建设，正确处理主干工程和其他方面的关系。

“八五”是实施“三主”长远规划设想的起步阶段，在“八五”期间将在公路、港口、内河陆续上一批“三主”工程，为了高效高质的完成这些工程任务，必须要在财力、物力、人力的投向上适当的集中，要“有所为”就要“有所不为”，这就要从战略的大局出发，按照“统筹规划、条块结合、分层负责”的要求，上下一致，齐心协力，共同完成这个交通建设上的历史任务。交通运输是个庞大的系统，抓好主干工程，逐步实现

“三主”设想，将会带动整个系统向更高的层次发展，但“三主”工程仍然是这个系统中的组成部分，其他各方面的任务，必须要统筹兼顾，处理好相互关系，作出适当安排，如“三主”工程与其他建设任务的关系，交通基础设施建设与运输生产的关系，交通建设与科技教育、安全保障等支持系统的关系等。不论是主干工程和其他建设，都要量力而行，讲求效益。

第四，坚持依靠各级政府，进一步调动各方面的积极性，加速交通发展

“七五”期间我国交通建设的发展速度和技术构成，与自身纵向比较，确实是以前各个五年计划中的最好时期。这些成绩的取得，最主要的经验之一，就是要依靠各级政府，依靠广大的人民群众，调动各方面的积极性，共同举办交通事业。几年来，国务院对发展交通事业提出了一系列的指导方针，并陆续出台了发展公路、水路交通的几大政策。这些对“七五”交通的发展具有决定性意义。随着商品经济的发展，各级政府进一步提高了对发展交通的重要性和紧迫感的认识，对各地交通事业给予了巨大的关怀和支持，在指导区域交通规划方面，落实各项倾斜政策方面，协调交通建设与各方面的关怀方面，动员和组织群众、支持和发展交通事业方面，做了大量工作。交通运输事业，是社会性事业，只有在各级政府领导下，动员广大群众，调动各方面积极性，才有可能更好地实现各项任务。这是“八五”必须要继续坚持的重要指导思想。

三、需要探讨的两个问题

第一，关于运输市场的治理整顿问题。

运输市场是经济市场的一个组成部分，运输市场的发育和完善，将随着探索计划经济与市场调节相结合的运行机制，不断地深化，这是一个较长的过程。当前所说的运输市场治理整顿，是作为一个特定的阶段提出来

的，根据国务院关于治理经济环境，整顿经济秩序的要求，以三年或者更长的一段时间完治理整顿的任务，运输市场的治理整顿，基本上是按照这个时间来安排的。既然是个特定的阶段，就必须要有特定的具体任务，目标提得过高或过于笼统，就难以达到预期的目的。

自1989年2月交通部作出《关于整顿治理道路、水路运输市场的决定》以来，成绩是显著的，已基本完成了对运输经营者的清理和经营资格的审验。从1990年初开始进入治理整顿的第二阶段，重点进行经营行为的整顿，一年多来，这方面也已取得了不少阶段性成果。根据两年多来的实践，在三年或更长一段时间，治理整顿的目标，主要应围绕交通部《决定》中提出的，逐步建立一个“既是开放的又是有秩序的”运输市场，按照这个要求，首先是要切实解决好依法经营的问题，这个问题在第一阶段虽然已经经过清理，但要巩固这个成果，后续工作量还很大，特别是要加强有关法规的建设，使其制度化；其二，继续抓好经营行为的整顿，要建立一个有秩序的运输市场，必须要有一个良好的运输市场行为规范，这是整顿治理运输市场非常重要的任务。对市场行为的整顿，交通部提出了八个方面的整顿内容。由于这项工作涉及面广、难度较大，在今年全国交通工作会议上，部领导指出，当前首先要重点抓好货物运输中的货源管理，坚决纠正以不正当手段控制、垄断货源，非法倒卖、欺行霸市以及用贿赂、回扣等手法争揽货源等。在重点抓好这个整顿内容的同时，各地根据实际情况，还要有重点、有步骤地落实其他市场行为的整顿要求。在三年或者更长一段时间，能够切实完成上述整顿任务，并相应建立起有关的规章制度，形成有效的行政管理，应该说就基本上达到了这次运输市场治理整顿的要求。当然在治理整顿过程中，探讨一些关于运输市场及运输经济更深层次的问题，是十分必要的，这将有利于巩固和发展整顿治理运输市场的成果，进一步加强市场管理，深化和完善运输经济改革打下基础。

第二，关于提高交通部门公路运输企业技术装备水平的问题。

我国是社会主义国家，实行的是计划经济与市场调节相结合的经济运行机制，在运输市场中，必须保持一支与此相适应的交通部门专业运输力量。在目前的几种运输力量中，个体运输由于它的经济性质和经济规模，只能是社会主义运输市场的补充。其他部门和厂、矿企业的运输力量，主要是为本单位的生产、生活服务的，与社会的总体计划运输联系不紧密，而且从社会化大生产的要求来说，这种自货自运方式不是发展方向，随着我国生产力水平的发展，运输商品化程度的提高，相当部分将会逐步被商品化运输所替代。而交通部门专业运输力量，既是公有制经济，又是面向社会服务的，组织化程度和总体经济效益都优于其他运输力量，在各种运输力量中，具有主导、中坚和骨干的地位与作用。目前这支力量的相对比重处于不断下降的趋势，必须引起高度的重视，量的变化不控制在一定的度上，就有可能失去它在运输市场中应有的地位和作用，这对社会主义有计划商品经济将产生不利影响，也会对将来的发展带来不好的后果。

解决这个问题，既要继续运用行政手段，加强行业管理，进行宏观调控，同时还需要辅之以经济手段。通过改善交通部门运输企业的技术装备，提高技术构成，配备起一定数量的大吨位车、集装箱车、特种车等，通过技术装备水平的提高，使交通部门的运输力量在各种运输力量中，具有一定的技术优势，与它在运输市场中的主导、中坚、骨干的地位与作用相适应，形成运输市场中合理的结构和分工。还应该看到，我国公路建设已发展到了一个新的阶段，路好了，车还是老样子，就达不到应有的建设效益。必须要有超前意识，尽早安排。同时，目前专业运输企业技术结构水平太低，与我国经济发展后的货种变化很不适应，随着高值货和时效要求快的货比重越来越大，装备跟不上，就会迫使其他部门发展自货自运，而专业部门的一些通用运力就会闲置，这是目前专业运输企业困难的原因之一。

解决这个问题，当前首先要把这个方针确定下来，思路明确了，再进一步研究更新改造资金和其他有关问题。

《政策与法规》1991 年 1 月

努力提高交通部门公路运输企业的装备水平

目前我国公路运输的结构，从经济性质上划分，公有制运输企业拥有的运力，约占87%，个体运输（包括少量私有运输企业），约占13%；从社会功能上划分，面向社会，为社会服务的公用型运力（交通部门运输企业和个体运输户），约占20%；主要为本企业本单位生产、生活服务的自用型运力，约占80%。这样的运输结构，从总体上看，是符合我国现阶段生产力水平的。

但这里有一个突出的问题，需要引起重视。改革以来，交通部门所属的公路运输企业的汽车拥有量，虽然增长了71.8%，而同期社会企事业单位车辆却增长了284.7%，个体运输车辆从无到有，发展到了73万辆。交通部门所属企业的汽车拥有量，在社会总拥有量中的相对比例，一直处于滑坡趋势，1978年约占14.2%，到1990年下降到6.1%。若从交通改革实际起步的时间算起，大体上是每年下降1%。

这种情况，应该说是改革过程中的正常现象。十一届三中全会以前，我国基本上没有私人汽车运输，对社会企事业单位运力的发展控制较严。放宽搞活以后，这两部分运力发展很快，交通部门所属的运力，相对比例自然会有所下降。这种变化，从宏观上看，是改革的积极成果。在十年多的时间内，不用国家财政专项投资，增加了这么多的运力，使我国公路运输紧张局面得到了很大程度的缓解，社会效益是十分明显的。但对这个改革过程中的新情况、新问题，有必要进行认真地研究，提高认识，使改革向新的高度进一步深化。

我国是社会主义国家，实行的是计划经济与市场调节相结合的经济运行机制。在运输市场中，必须保持一支与此相适应的交通专业运输力量。在几种运输力量中，个体运输的经济性质和经济规模，决定了其作用只能是社会主义运输市场的补充；社会企事业单位的运输力量，主要是为本单位的生产、生活服务的，与社会总体运输计划联系不紧密，而且从社会化大生产的趋势看，这种自货自运方式不是方向。随着我国经济的发展，运输专业化、商品化程度的提高，相当部分将会逐步被社会化运输所代替。世界上一些发达国家走过的道路，充分证明了这一点。英国在三四十年前，自货自运比例曾经达到80%，现在这种比例已下降到40%左右。我国交通部门专业运输力量，既是公有制经济，又是面向社会服务的，组织化程度和总体经济效益都具有显著的优势。从实际情况看，我国公路运输中的计划内物资、重点物资、抢险救灾物资、节假日旅客运输等等，主要还得依靠这支运输力量。目前，这支运输力量的比重不断下降，如不从量的方面将其控制在一定程度内，就有可能失去它在运输市场中应有的地位和作用。这对社会主义有计划的商品经济将产生不利影响，也会对交通运输的发展带来不好的后果。

解决这个问题，一方面要继续运用行政手段，加强行业管理，进行宏观调控，通过管理和引导，使各种运输力量的经营范围和经营方式，大体与他们各自在运输市场中的地位与作用相适应，让他们各得其所，各展其长，协调发展。几年来，各地通过对运输市场的治理整顿，在这方面取得了不少成功的经验和较好的效果。另一方面，必须研究交通部门专业运输自身发展的问题。除进一步深化企业改革，加强企业管理，不断完善企业内在机制外，还必须采取一些相应的经济手段。当前，特别需要通过改善技术装备，提高技术构成，增强交通部门运输企业的活力和后劲。

李鹏总理在七届人大第四次会议报告中指出：“现在许多企业装备陈旧，技术落后，迫切需要进行技术改造。‘八五’时期和今后十年，要用先进的技术装备和生产工艺改造现有企业。”这里所指出的问题和要求，完全符合交通运输行业的情况。今年全国交通工作会议也明确提出，要“努力改善交通专业运输部门的技术装备”，有条件的地区要“重点发展大吨位车、集装箱车、特种货车和舒适型客车，逐步提高交通专业运输部门车辆的技术构成”。

改善交通部门公路运输企业的技术装备，具有双重要求。一是常规性的车辆更新；二是把现有装备水平提高一步，增加一批大吨位车、集装箱车、特种车和舒适性客车。这两项要求，都非常紧迫。常规性更新，实质上是维持现有运输企业的简单再生产，如果这个要求达不到，交通部门专业运输的运力将会继续下降。但从发展的要求来看，必须要下大力量，逐步提高交通部门专业运输的技术构成，这既是当前的需要，又具有深远意义。

社会要求交通部门专业运输力量，在各种运输力量中，发挥主导、中坚、骨干作用，但如果不提高它们的技术装备水平，这种地位和作用就难以形成。犹如战争年代的地方军、游击队，要能成为野战军，必须要有机枪、大炮。各种运输力量在运输市场中的合理分工，有其内在的经济规律，完全靠行政管理办法要求它、限制它，不仅难以持久，力度过强还可能产生副作用。必须在技术装备水平上，有所区别，形成层次，才有可能真正实现各得其所，各展其长，组合成适应多种需要的运输市场。

我国公路建设已进入到一个新的阶段，公路建设的方针，从“七五”开始，已由“普及与提高相结合，以普及为主”转为“普及与提高相结合，以提高为主”。在这个方针指导下，“七五”期间，我国高等级公路有了较快的发展，目前已达到4万多公里。根据“三主”设想，我国公路主骨架在今后几个五年计划中将逐步建成。“西装”必须配“革履”，穿布鞋不行。高等级路，必须配备相应的运输车辆，否则，就达不到高等级公路的效益。目前，从全国来说，公路主骨架虽然尚未形成，但在一些地区、一些省份、一些线路，已有了一定的通过能力，提高车辆技术装备水平，已成为非常现实的迫切要求。

目前，交通部门公路运输企业，普遍反映很困难。即使是一些经营比较好的企业，经济效益也有不同程度的下降。虽然原因很多，其中重要的原因之一，是运力的技术结构水平太低，大部分都是一般的通用车，缺重少轻。在一些地区，一方面感到货源不足，另一方面由于车型不适应，有些货又难以承运。

随着我国经济的发展，货种有了很大变化，高值货增多，时效性更强，对运输的经营方式和服务深度提出了新的要求。没有相适应的车型，就难以满足。如果交通部门运力的技术状况不能得到改善，必然会迫使一些大型厂矿企业，发展自货自运，形成运输结构上新的不平衡。

根据上述情况，提高交通部门运输企业技术装备水平，势在必行。但实现这个要求，需要有资金支持。

目前，交通部门的公路运输企业，普遍效益不太好，用于常规更新的资金已经严重不足，致使历年沉淀的5万辆应该更新的车无力更新，要再拿出资金，用于提高技术装备水平确有困难。出路何在？近两年来，有不少省、市交通部门，提出建立“运输发展基金”的设想，采取各家“拿一点”的办法，筹措一笔资金，免息或低息贷给企业，“有借有还，滚动使用”。这笔资金的使用不是给困难户的“救济”，应是重点地投向那些具备条件的企业。既要能够实现资金的回收周转，又能达到逐步提高交通部门运输企业技术构成的目的，促进企业经济的良性循环。

这里探讨的是一些基本认识和思路，很多问题尚待进一步细化，但把这个问题上升到政策来研究，积极采取可行的措施，已是势在必行。

《中国交通报》1991年7月2日

社会主义市场经济与交通改革

“社会主义市场经济与交通改革”，这是一个重大的理论课题，也是一个非常现实的实践课题。下面的发言，仅作为个人学习的体会，与大家共同探讨。

一、在建立社会主义市场经济中，交通行业负有双重任务

党的十四大明确提出，我国经济体制改革的目标是建立社会主义市场经济。这是一个重大的理论突破，对我国经济振兴、改革的深化，具有深远意义。

市场经济来源于商品经济的发展，在人类初始阶段，生产的东西不是用来交换的，是为了满足自身生存的需求，后来随着生产力的提高，社会出现分工，产品开始出现交换，用于交换的产品就叫商品。随着商品交换的扩大，逐步形成了商品经济，在商品经济发展的基础上产生了市场。什么叫市场？有人说：进行商品交换的地方就叫市场；有人说：市场是交换关系的总和；现在经济界对市场又有了进一步的阐述：市场不仅是交换关系的总和，而且通过价值规律的作用，发挥对资源的优化配置。随着市场经济的形成，交换领域越来越大，交换的形式越来越多，交换的频率越来越快，推动着经济发展进入一个新的层次、新的高度，在这个过程中，对交通运输的要求也就越来越高。

过去在很多商店里，贴着这样一副对联：“生意兴隆通四海，财源茂盛达三江”。这副对联非常形象地说明一个问题，做生意的人要想“生意

兴隆”“财源茂盛”，必须要“通四海”“达三江”，也就是说，要想提高经济效益，必须拓宽经济活动的范围和领域，怎样才能拓宽经济活动的范围和领域呢？这就要发挥交通运输的“空间位移”功能，通过车船等运力，把商品输送到“四海”“三江”。

交通部门的第一重任务就是要努力完成运输任务，为国民经济的发展提供运输保障，做到“货畅其流，人便于行”。目前，我国交通运输现状与客观要求差距很大，特别是交通运输的基础设施十分薄弱，公路、港口、内河航道，不仅数量少，而且质量差。比如公路，在我国960万平方公里的国土上，只有100万公里多一点的公路里程，这就不可能达到需要的服务深度；而且现有公路的质量很低，难以实现快速、安全运输。前几年交通部党组，对公路建设的方针进行了调整，将“普及与提高相结合，以普及为主”，改为以“普及与提高相结合，以提高为主”，这个方针得到了国务院的认可，并相继批准了加快公路建设的几项大的政策，为我国加快公路建设、提高公路等级提供了条件。最近山东会议提出了要建设几条干线大通道“两纵三横三条线”的设想，已在开始实施。这些高等级的干线通道建成后，我国公路运输将开始发生质的变化，往日人们说公路运输只适合分散的、短途运输，将转变为也可以承担部分大批量的长途运输。当然，现在这一切还仅仅才开始。为了更好地为国民经济和人民生活服务、加速交通现代化的发展进程，为社会主义市场经济提供支持，交通部门的第二重任务就是要抓好自身改革，以适应新形势的需要。

二、加快交通运输的改革步伐，更好地为社会主义市场经济服务

中国的经济改革是从农村开始的，1982年转向城市，1984年交通部正式向党中央、国务院上报了交通改革的一个大思路，主要内容是两项：一是政府交通部门要逐步推进两个转变，由直接管直属企业，转向管交通

行业；从管具体的经济活动，转向加强行业的行政管理。二是，进一步放宽搞活，调动各方面的积极性，加快交通运输的发展。最近交通部又颁发了25条，对如何进一步深化交通体制改革，提出了设想和安排。我在这里不谈具体工作，仅就深化改革中的几个主要问题，谈点看法。

第一，关于进一步转变政府交通部门的职能问题。

交通部在提出实行两个转变之后，对交通部门五级行政管理的职能、职责，做过一些研究，但在征求意见时，大家仍然认为不够明确，对政府究竟要管什么？不管什么？怎么管？疑问很多，顾虑很多。企业有意见，认为政府管得太多、太死；而各级政府部门感到很为难，不管吧，不行，作为政府部门负有责任；管吧，好像又不符合放宽搞活的要求。所谓“一抓就死，一放就乱”，处于抓抓放放的循环之中。有人指责说政府为什么不放权，一是揽权；二是贪利。这种说法有一定道理，但如果把它作为唯一的因素，似乎简单化了，我国是社会主义国家，经济基础是以公有制为主体的，政府部门负有管理经济的职责。而且在很长一段时间里，中国实行的是计划经济，交通运输的“三统”管理，是计划经济的产物，几十年就是这么管下来的，交通部门很多人对“三统一”驾轻就熟，现在要转变，在认识上和实际操作上都显得跟不上，要有一个过程。当然，不转是不行的，而且要努力缩短这个转变过程。

过去我们对政企分开、企业下放关注得多一些，对下放后管什么，怎么管研究得不够。放与管是先破后立呢、还是先立后破、或是边破边立？交通部领导曾提出：“放到什么程度就要管到什么程度，放多少，管多少”。意思是，放本身不是目的，有所不为是为了有所为，目的是要有利于交通运输的发展，更好地为国民经济服务。最近听说有一个县政府提出要在它们县内兴建大港口，这显然不妥当，港口建设投资很大，县一级都要建大港口，国家经济承受得了吗？而且它涉及交通的整体布局，一个县的视角显然太窄了。这种事交通部门必须要管，要统筹规划。改革开放以后，我国公路运输的结构发生了很大的变化，据有关部门的资料，交通部门直属企业的运力约占社会总运力的6%，社会八大家约占80%，个体户的约占14%，面对这种变化，交通部门“三统一”的管理方法还能维持下去吗？显然不行。有人提出，交通运输应是“多家办一家管”，这个提法有道理，在我国各级政府中，只有一个交通部门，就是交通部、交通厅、交通局、交管所，管理交通是交通部门理所当然的事。问题是怎么管？十四大文件中有一段话，政府“对整个国民经济和社会发展的发展战略，要根据供需情况进行综合平衡、总量调控和重大结构与布局的规划”“要运用经济政策，经济法规和必要的行政管理”。这些精神对交通部门的深化改革，具有指导意义，我们要根据这些精神，结合交通部门的实际情况，作出细化安排，使其更加具有可操作性。加强交通运输的法制建设，是当前交通部门的迫切任务，“多家办、一家管”最重要的是依靠政策和法规，最近交通部已将道路法、公路运输法、水路运输法等五个龙头法上报到人大常委会，这方面工作要加大力度，持续搞下去。

第二，进一步调动各方面积极性，加快交通运输发展。

关于这方面的改革，交通部党组先后提出了两条很明确的指导思想，在交通基础设施建设上，实行“谁建、谁管、谁受益”；在车船运力发展上，实行“有河大家走船，有路大家走车”。这两个指导思想，在交通系统影响很大，开始有些人想不通，有抵制情绪，后来的事实证明，这两句话对交通系统的解放思想，放宽搞活起到了非常积极的效果。随着改革的深化，我国交通运输事业的发展步伐明显加快了。港口已下放完毕，基本上理顺了港口的管理体制，使港口能够更好地面向社会服务，提高了港口的利用效率，也有利于调动有关方面投资建设港口的积极性。公路建设，国家批准实施了几项大的政策，如：车辆购置附加税、贷款建路、收费还贷以及民办公助等，大大扩展了我国公路建设的资金渠道，使我国公路建设进入了一个高速发展的新时期。在公路和水路运输方面，多家办运输的局面已经形成，特别是个体运输户发展很快，改变了我国水陆运输单一的公有制形式，优化了我国的运输结构，提高了运输的服务深度。我国现在生产力水平还很低，大量货源来自小型企业、手工作坊以及广大农村的农副产品，我们的国营运输企业难以承担这些分散的小批量运输，你运不了，又不让别人运，这就会窒息经济。

放宽搞活以后，出现了很多新的情况、新的问题，这是正常的，是前进过程中的现象。对于在部分地区公路运输中出现抢货源，占线路、甚至打架斗殴的事，要耐心做工作，不能动摇改革的大方向。

第三，深化运输企业改革，培育运输经济市场。

1986 年后，各地政府交通部门的直属企业，先后实行了两个层次的承包责任制，企业对国家承包，职工对企业承包，主要是想解决企业内部的激励机制问题，取得了较好的效果。但当让这些企业与政府部门脱钩，下放到社会，却出现了很多问题，它们难以在竞争中立足，甚至生存不下去。关键是企业下放和权力下放不同步，企业下放了，相应的权力没有下放。直属企业的“人、财、物，产、供、销”，过去都掌握在各级政府交通部门的手上，这些权力不下放，或者放一部分留一部分，都会束缚企业的手脚，哪一条卡住，企业都难办。这是必须要解决的问题。

各种运输力量进入市场以后，在价值规律的作用下，展开竞争，出现优胜劣汰现象，这是正常的。但由于经济性质不一样、规模有大有小、技术构成有高有低，在这种情况下，市场是开放了，但秩序却很乱。各自为了自己的利益，出现很多违法、违规的事情，如：利用权力搞地区封锁，人为掐断运输线路的畅通；有的利用各种关系垄断货源；少数个体运输户，不遵守国家的价格、税收规定，严重扰乱了运输市场。如何培育运输市场，建立一个政策法规统一，既开放又有序，能够使各种运输在公平竞争的基础上各得其所，这将是一件非常艰巨的任务。

三、谈一个认识问题：正确理解社会主义市场经济

社会主义市场经济是一个完整的概念，它是与社会主义相衔接的市场经济，在我们国家这两个部分是不能分割的，更不能把这两个部分对立起来。

市场经济遵循的是价值规律，这是它的普遍性，但在不同的国家，市场经济也有它特殊性的一面。资本主义国家是以私人占有制为基础的，资本主义的市场经济必然与资本主义经济制度相衔接；而社会主义是以公有制为主导、多种经济成分共存的，它所建立的市场经济必然要与社会主义经济制度相衔接。“价值规律是一个工具”，“价值规律是学校”，资本主义可以利用它，社会主义同样可以利用它。最近在媒体上有一种说法，他们认为：市场经济就是市场经济，为什么要在它的前面冠以社会主义呢？市场经济与社会主义是不相容的，加上社会主义“充其量是一个外部条件而已”。这种认识把社会主义经济与“市场”完全对立起来，显然有些偏颇，我国现在还是社会主义初级阶段，还是商品经济社会，社会主义经济需要运用“市场”的功能，而且，从这些年的实践来看，社会主义也完全有可能利用“市场”的功能，不断提高和改善社会主义经济的活力。我国以“放宽搞活”为重要内容的改革，比较好的利用了价值规律的作用，并取得了成效。

中央文件中指出，要充分发挥市场经济在优化资源配置方面的基础性作用，显然这是非常重要的。但这句话也表明市场在资源配置上也并不是唯一的、绝对的，即使在资本主义国家纯粹的市场经济，似乎也并不存在，还必须有国家的整体规划、宏观调控，这也是优化资源配置的重要方面。这个问题涉及到对计划经济的评价问题，最近看到有人提出了一个“板块理论”，大意是：计划经济是一块，市场经济是一块，这两块是不能融合的，要么搞计划经济，要么搞市场经济。实际上市场经济和计划经

济都曾有一个历史发展过程，计划经济在特定的历史条件下，也有过积极的作用。问题是苏联把计划经济绝对化、凝固化了，企图将第一部类（生产资料）生产与第二部类生产（生活资料），通过人为的计划，使它们能够协调的发展，这是不可能的。苏联的教训是沉痛的，中国也吃了不少亏。现在有人在批判计划经济的时候，把国家宏观调控也一起批了，所谓的要建立纯粹的市场经济，这就会产生另一方面的问题。东方“四小龙”的崛起，它们的经验不仅是充分运用了市场经济，而且也十分重视国家的宏观调控，据说它们对经济的行政管理，在有些方面比我们还更严一点。

研究这个问题，与我们的实际工作有很大关系。交通运输市场是社会主义经济市场的组成部分，在实施过程中，必须要注意维护公有制经济，使各种不同成分的运输经济各得其所，共同发展。我们是社会主义国家，我国的交通运输企业，既要谋取经济效益，更要树立为社会主义服务的全局观点，要积极完成国家赋予的抢险救灾以及各项特殊的运输任务。

注：这是1991年在道路运输协会一次会议上的讲话记录稿，此次采用时作了压缩。

加大改革力度　转换经营机制

改革开放以来，我国交通运输事业，在发展的速度和规模、技术构成的改善、为国民经济服务的深度等方面，都是建国后最好的历史时期。改革开放促进了交通事业的蓬勃发展，这已是人们的共识。实践证明，坚持社会主义，坚持改革开放，是发展有中国特色的社会主义交通事业的客观要求。

搞活企业是改革中的一篇大文章，是整个“八五”期间的重要任务。李鹏总理最近在全国经济体制改革工作会议上明确指出：1992 年改革的重点是转换国有企业的经营机制，使企业逐步成为自主经营、自负盈亏、面向市场的经济实体。这个要求完全适用于交通运输行业的国有企业。

1992 年全国交通工作会议，根据党中央、国务院的指示精神，对深化交通改革，提出了“总体规划、分层负责、分类指导、突出重点、兼顾一般”的方针。深化企业改革的重点，是要转换企业经营机制。当前，首先要抓好企业内部人事、用工、分配制度的改革，在科学定员的基础上，搞好劳动优化组合，推行岗位技能工资制度，破除“大锅饭”、“铁饭碗”、“铁交椅”，逐步形成企业内在的调节功能。

转换企业经营机制，是深化企业改革的重大步骤。各级政府交通部门要更好地加强行业管理和宏观调控，通过运用行政的、经济的、法律的手段，积极为企业创造良好的外部环境。作为企业，必须要把着眼点放在内部，不断改善经营管理、完善承包经营责任制，调整好企业内部结构，抓好技术进步，不断提高劳动生产率。目前的实际情况是，很多企业处于相同的外部条件，但经济效益差异很大。单纯依赖外部条件的改善，把自己放在一个被动的位置上，是没有出路的。

转换企业经营机制，是深化企业改革的一个难点，必须要全心全意依靠工人阶级，动员广大职工以主人翁的态度积极参与，对各项改革措施，要充分组织广大职工进行讨论，群策群力，把企业改革引向深入。特别是转换企业经营机制，涉及国家、企业、个人之间的利益调整，从根本上讲，企业搞活了，搞好了，对国家、对企业、对个人都有好处，广大职工是会拥护的。但这种调整，在一段时间内，对一些人的利益可能会有一定损失，带来一些暂时困难，必须做好职工的思想政治工作，提高职工的承受能力。

在改革深入的过程中，必然会有很多新的情况，新的问题，各级领导一定要进一步深入实际，深入群众，加强调查研究，总结新鲜经验，在实践中大胆探索，开拓前进，努力把交通改革推向一个新的高度。

《中国交通报》1992 年 3 月 17 日

解放思想　扩大开放

在今年全国交通工作会议上，朱镕基副总理对交通工作提出了四点要求：深化改革、扩大开放、依靠地方、服务群众。这个指示，既体现了当前我国全局性的工作任务，又是针对交通情况，对交通工作提出的要求，具有十分重要的指导意义。

扩大对外开放，一方面，是交通运输自身发展的需要。通过开放，引进外资、引进技术、引进先进的管理经验，扩大交通运输的经营领域，推进我国交通运输现代化的发展。另一方面，交通运输承担着为我国对外开放服务的任务，一切对外经济活动和交流，都必须要有交通条件，交通运输在对外开放中的承受能力和服务深度，直接影响着我国对外开放的发展。

在党中央和国务院的领导下，交通系统，遵循对外开放的方针，做了不少工作，为我国对外开放做出了重要贡献。但随着国际形势的变化和我国对外开放的扩大，交通运输的自身发展和服务功能，愈益显得难以适应。对扩大开放要增强自觉性和紧迫感，进一步解放思想，迈出更大的步伐。

首先，要提高对扩大开放重要意义的认识，深刻理解对外开放是我国坚定不移的国策，充分肯定十几年来改变闭关自守，坚持对外开放，对发展我国国民经济和交通事业所取得的伟大成就，深刻理解不进行改革开放是没出路的。

其二，要加强调查研究，对交通系统对外开放方面的情况，进行全面地了解和综合分析，总结已有经验，明确下一步任务，制订方案和相应的决策措施。

其三，对今年内几项重点工作，要按照分工和进度，抓紧落实，争取取得阶段性成果。

交通运输对外开放的领域非常宽阔，许多方面的工作，目前还处在起步的阶段，一定要敢于探索，积极开拓，在实践过程中，不断打开新的局面。

《中国交通报》1992 年 3 月 19 日

务实事　抓实干　求实效

全国交通工作会议，根据党中央、国务院有关指示精神，对今年的工作做了全面部署，当前的关键是要抓好落实。再好的路线、方针、政策，再完善的部署，不干，不落实，都是实现不了的。尤其是经济工作，是很具体、很实际的，必须要把劲使在实处，务实事、抓实干、求实效。

九十年代是我国社会主义现代化建设的重要时期，交通运输任务十分繁重。今年是实施十年规划和“八五”计划的第二年，一定要抓紧时间，分清各项工作的轻重缓急，逐项落实。

为了把工作抓实，各级领导要进一步转变领导作风，深入到交通运输生产的第一线，了解情况，分析问题，研究解决问题的措施，进行具体指导。一些重大的工作任务，特别是深化改革、扩大开放，更需要深入实际，深入群众，在实践中不断探索，不断开拓，坐而论道，将会耽误工作，延误时机。

最近黄镇东部长对交通部机关如何落实全国交通工作会议精神，再一次强调领导机关要按照“团结、求实、廉洁、效率”的要求，进一步转变作风，力戒形式主义；要减少会议，减少文件，减少领导干部的事务性和不必要的礼仪性活动。彻底解决形式主义，必须要上下一起抓。各级领导机关和领导同志，自身要严格要求，以身作则，做出样子；同时各基层单位要积极支持，不搞形式主义的东西，不要使领导勉为其难。

一年之计在于春，让我们立即行动起来，在圆满完成今年各项任务的同时，努力形成一套好的思想作风和工作作风，并逐步使之制度化，长期坚持下去。

《中国交通报》1992 年 3 月 21 日

交通部门的运输装备要走专业化、集约化的路子

目前我国的汽车运输，主要由三部分组成：一是专业运输；二是各大企事业单位自备车辆的自货自运；三是个体和联户运输（包括一部分私营运输企业）。这三部分运输力量，各自具有不同的特点和优势，为我国国民经济和社会发展发挥着积极的作用。

在这三部分运输力量中，当前专业运输困难较大，相对比例处于逐渐下降的趋势。这种状况已引起社会的关注。

是专业运输本身失去了存在的价值和发展的前景吗？应该肯定地说，不是。在三种运输力量中，以经济性质分析，它属于公有制经济，我国是社会主义国家，坚持以公有制为主体是没有疑义的；从社会功能分析，它是面向社会、为全社会服务的，能适应社会化大生产的需求。随着我国社会主义商品经济的发展，运输商品化的程度将愈来愈高，专业运输企业更能适应这种发展趋势。从综合经济效益分析，由于专业运输组织化程度较高，即使在目前困难的情况下，主要经济技术指标，在三种成分中相比较也是有优势的。

问题的症结究竟在哪里？主要是结构不合理，突出反映在技术结构和经营结构上。几种运输力量，技术装备水平大体相同，经营方式通用单一，技术上拉不开档次，经营方式上没有各自的特色和优势。大家在一个层次一个水平上你挤我撞。运输市场难以形成合理的经济分工，不能实现各展其长、优势互补、各得其所的要求。

在几种运输力量中，专业运输应该发挥更大的作用，但目前的技术装备状况与它在运输市场中应有的地位、作用很不对应，几乎无力形成大规模的专业化特种运输，一些大型企事业单位不得不发展自货自运，使我国运输商品化程度越来越低，这是不符合运输经济的发展规律的。

这个看法，目前已逐步成为人们的共识。全国已有不少省、区和中心城市的交通主管部门和企业，采取多种办法筹集资金，集中力量发展大吨位车、集装箱车、特种专用车以及舒适型客车，有重点地投放于一些经济发达地区、重点线路。在经营方式上，组织和发展适应各种需求的专业化运输，不断增强运输服务深度。尽管在实施上还有许多的问题需要解决，但只要坚持走集约化、专业化这个路子，我国专业运输就会逐步摆脱目前的困境，使运输水平提高到一个新的阶段，我国的运输市场也将会进一步发育和完善。

《经济日报》1992 年 6 月 23 日

把交通发展战略研究放到重要位置

——读《邓小平文选》三卷的一点心得

（一）

建设有中国特色的社会主义，从理论到实践，要解决的问题很多，如何抓住主要矛盾，提出科学的战略思想，作出正确的战略决策，是至关重要的。小平同志说："不能只在眼前的事务里打圈子，要用宏观的战略眼光分析问题，拿出具体措施。"（《文选》355 页）"考虑问题要着眼于长远，着眼于大局。许多小局必须服从大局。关键是这个问题。"（《文选》298 页）"我建议组织一个班子，研究下一个世纪前五十年的发展战略和规划，主要是制定一个基础工业和交通运输的发展规划。"（《文选》312 页）这几段讲话，集中见于《第三代领导集体的当务之急》等几篇文章中。对这几篇文章，小平同志明确地说："这就算是我的政治交代。"（《文选》301 页）小平同志把研究战略问题作为他"政治交代"的内容之一，确实是语重心长的。

在《文选》三卷中，小平同志以马列主义原理同中国的实践相结合，高瞻远瞩、提纲挈领、简捷明快地对建设有中国特色的社会主义，提出了一系列的战略思想、战略目标、战略布局，战略阶段、战略重点以及一整套相关联的方针政策，形成了一个完整的战略体系。这些对统一全国人民的思想，指导建设有中国特色的社会主义实践，意义十分深远。小平同志还对实施这些战略，提出了很多极为重要的指导思想。“十三大确立了一个中心、两个基本点的战略布局……这个战略布局我们一定要坚持下去，永远不改变，什么威胁也吓不倒我们”。(《文选》345 页) 提出要敢于试验，不怕受挫折。“如果固守成规，照过去的老框框一模一样的搞，没有一些试验、一些尝试，包括受一些挫折、有一些失败的尝试，肯定达不到我们的战略目标”。(《文选》318 页)

《文选》三卷的内容是十分丰富的，通篇闪烁着无产阶级战略家的思想光辉，认真学习领会和掌握运用，是中国共产党人率领全国人民实现崇高目标的锐利武器。

(二)

《文选》三卷中，对交通运输的发展，给予了巨大的关注。论述中涉及到对交通运输的发展要求，交通运输发展与国民经济的关系，交通运输发展与改革的关系，以及对交通运输发展要做好前期工作，都提出了十分精辟的论述。

小平同志对交通运输的有关论述，是以战略家的眼光，把它与社会总体发展战略联系在一起的，明确提出了交通运输在总体战略中的地位和作用。他说：“我们整个经济发展战略，能源交通是重点，农业也是重点。”(《文选》17 页)“基础工业，无非是原材料工业、交通、能源等，要加强这方面的投资，要坚持十年到二十年，宁肯欠债，也要加强……多搞一些电，多搞一些铁路、公路、航运，能办很多事情。”(《文选》307 页)

作为交通部门，特别是政府交通主管部门，提高战略意识，加强交通发展战略研究，制定和完善交通发展战略是一项十分重要而紧迫的任务。战略是一个系统，国家要有全国的发展战略，部门要有与全国总体发展战略相配合的发展战略。小平同志在这次谈话中明确的提出了这个要求，“每一行都树立一个明确的战略目标。”(《文选》378 页) 只有把各个行业，各个层次的战略目标，与总体战略目标相联系相衔接，才能保证总体战略目标的完善和落实。

交通部门当前需要研究的战略问题很多，从交通运输发展的总体来说，如：交通运输的发展规模、发展速度、结构布局，形成什么样的结构模式，交通运输发展与改革的关系，交通运输与交通相关事业的关系等等，过去对这些问题虽然也作过一些研究，有过一些重要决策，如在公路建设上提出“两纵两横”的发展目标，可以说是一项意义深远的战略举措。但从总体上看，对交通运输的发展战略，还缺乏统一的、系统的研究，尚未形成一个“着眼于长远，着眼于大局”的综合的发展思路。

（三）

为了加强交通发展战略研究，当前应着重解决好以下几个问题。

第一，转变政府职能，转变机关工作方式。

首先要切实转变政府职能。《中共中央关于建立社会主义市场经济体制若干问题的决定》中，对政府职能作了明确的阐述：“政府管理经济的职能，主要是制定和执行宏观调控政策，搞好基础设施建设，创造良好的经济环境……运用经济手段、法律手段和必要的行政手段管理国民经济，不直接的干预企业的生产经营活动。”这些阐述十分明确地提出了政府主要职能是要加强宏观管理，战略问题的研究和制定，是加强宏观管理的重要组成部分。同时，只有转变职能，政府才有可能摆脱大量事务，集中精力，抓好战略研究，抓好宏观管理。

在长期计划经济体制下，政府机关形成了一套传统的工作方式、工作方法和工作作风，随着政府职能的转变，有些方面必须要作相应的改进，要下大力减少会议、减少文件、减少事务性工作，以更多的精力调查新情况、新问题、新趋势，认真研究关系到全局的战略性问题和相关的方针政策。这种转变，对机关工作人员的要求更高了，必须要相应地提高人员素质，使其适应新形势的需要。

第二，加强信息工作。

交通发展战略研究，必须建立在定性定量分析的基础上。当今世界已进入信息时代，信息闭塞，就难以使交通发展战略研究建立在科学的、高层次的水平之上。既要了解世界上的有关信息，更要了解国内的有关信息。当前一个很突出的问题是交通系统对自身基础数据的收集、整理、分析十分薄弱。改革开放以来、许多情况发生了很多的变化，比如：交通系统的职工数，多少年前就说是550万，一直连续至今，按照行业管理的要求，应包括个体运输者和其他部门从事交通运输的职工，这部分运输力量，所完成的运递和周转量，好像也没有完全纳入我们的统计数字之内。这些数据对交通发展战略的研究及相关方针、政策的制定是十分重要的。我们现在的许多文章、领导的讲话，甚至包括部分重大问题的决策，定性的分析多，定量的依据不足，这就很难使得一些观点建立在科学的基础之上。

第三，调动各方面力量，共同加强交通发展战略研究。

首先，领导要重视战略研究工作，这是关键。一方面因为领导掌握全局情况，对需要研究什么问题比较清楚，有利于研究课题的选定。否则容易出现领导需要解决的问题，没人研究，而领导不太急需的事，研究后又摆不到领导议事日程上去，造成人力物力的浪费，贻误时机。另一方面，所有研究，它的最终成果是为领导决策做参考的，领导不重视，不了解研究的过程和研究的成果，就难以发挥这种作用。

其二，设立相应的机构，发挥这些机构的作用。现在部和省、市一级政府交通部门，不少都设有政策研究室，应要求他们担负起这个职责。主要任务：一是根据领导提出的要求，开展调查研究；二是担任和指导实施领导提出的研究课题；三是汇集多方面对交通发展战略的研究成果。

其三，认真将有关方面的研究力量，通过多种形式组织起来，发挥他们的作用。政府交通部门的各个单位，随着政府职能的转变，都要加强宏观管理方面的研究，这是进行交通发展战略研究的基础力量。同时社会上有关科研院所，有关大专院校，也有很多从事交通发展研究的专家学者。要能把这些力量运用起来，将能对交通发展战略研究，产生巨大作用。

交通运输是个经济部门，具体工作很多，特别是在计划经济体制下，微观方面的工作量很大。目前正处在经济体制转换过程之中，需要适应新的情况，对工作内容、工作程序、工作方法，作相应的调整，尽量摆脱一些日常事务，努力在工作层次上提高一步，真正从战略上把握住大局，把握住趋势，是个十分急迫、十分重要的问题。假若在一定阶段，不能抓住几件大事，精力过多投入日常事务，将会出现“日计有余，岁计不足”，应该下决心避免这种情况。

1994 年 5 月

访 英 散 记

按：1991 年交通部组织了以袁耀成同志为团长的中国交通专业代表团赴英国访问，主要考察英国政府对交通行业实施行业管理的情况，历时两个月。

伦敦印象

伦敦是座古老的城市，古建筑很多。在这几天的参观访问中，给我印象最深的是英国议会大厦。

泰晤士河像一条绿色的缎带，横穿伦敦。总的走向是由西向东，其中有一段转了个直弯，局部变成南北走向，议会大厦就坐落在这一段的西岸。

这是一座典型的欧式建筑，西侧高高耸立着一座钟塔（俗称大笨钟），边周装饰着一排排错落有致的尖顶，十分华丽、雄伟。有一天晚上经过这里，各色霓虹灯把泰晤士河照得五光十色，站在桥上，看国会大厦在河中的倒影，随着水面微波，悠悠忽忽，很有西方神话世界的意境。

英国的议会，上院和下院都在这所建筑物里。有次从运输部回住所，路过这里，看到有几十个人在门前排队，经陪同介绍，这些人是前来听取议会辩论的。

英国是议会制。按程序，政府的重大决策都要经过议会批准，议会在批准这些决策时，要进行辩论，其中有些辩论，群众可以自由参加，能听不能说，没有发言权。我问陪同，听辩论的人多吗？陪同说：辩论的问题五花八门，听众各有所好，很多辩论是泛泛而谈，真正大权在执政党手中，辩论归辩论，干归干，一般群众对此并不太有兴趣。

拜谒马克思墓

今天是休息日，代表团全体成员，怀着对无产阶级革命导师崇敬的心情，前往海格特公墓，拜谒马克思墓地，作为代表团到英国后的第一次组织生活。

马克思墓坐落在公墓的中上部，几条小道的交会处。这座墓是1956年英国工人集资重建的。大理石墓碑，高约4米，碑顶上雕塑着眼神深邃的马克思头像，碑的正面，上方刻着伟大导师的名言："全世界无产者，联合起来!"下方刻着："哲学家只是用不同方式解释世界，而问题在于改造世界。"一百多年来，全世界无产者和革命人士，在马克思创立的无产阶级革命学说的指引下，把旧世界打得落花流水。虽然这革命洪流时有起伏，但它却是百折不回，向着那历史的必然归宿前进。

在马克思墓碑前，有前人放置的玫瑰、石竹、郁金香花束和花圈。就在我们向马克思墓肃然致哀的时候，又有一批人前来凭吊。马克思永远活在世界革命人的心中。

东伦敦旧货市场

听说东伦敦旧货市场很有特色，我们几个人怀着逛庙会的心情，前去观赏了一番。

市场很大，有旧货市场也有新货市场，我们先看的是新货市场。几条街上，到处是小售货亭和地摊，出售的都是中低档衣服、鞋帽、电器、玩具、厨房用品，还有一些是从印度、巴基斯坦来的工艺品和实用器皿。价格比商店确实便宜得多，而且可以讨价还价，但按中国价格折算也贵得吓人。在一处十字街口，我们闻到了烤板栗的香味，走近一看，手艺实在太差劲，底下是木炭烧的明火，上面铺了一块铁丝网，把生板栗倒在上面烧，烧得又黑又焦。就这种板栗，一小包（约 20 粒）要 1 英镑多。在这个市场上，我们感到英国小贩很注重适应顾客心理，很多商品标价的尾数都是 9，如一件衣服 29.9 英镑，一个小玩具 99 英镑，就像中国的 9 角 9 分，说起来不到一块钱，使购货人从心理上感到便宜，这大概是英国人在长期商品经济熏陶下得出的经验。

另外有几条街是旧货市场，这里更是五花八门。有的是固定摊贩，有的像私人家里清理出来的破烂，随意找个地方，铺上一张纸，就是一个摊位。什么东西都有，缺了口的碗，断了把的勺子，张了口的皮鞋，撕裂了的沙发，没封面的杂志等等。中国虽穷，却很少看到卖这些东西的。我想既然有人卖，肯定有人买。从这里也可以看出，英国人的消费水平差距很大。这里大概是为穷人提供低水平消费的地方。

华人餐馆服务员

我国中远公司在伦敦开办的一家企业，请我们到唐人街中国餐馆新龙凤酒家吃饭。餐馆服务人员都是中国人。在国外，中国人相见格外亲切，很自然就会相互攀谈起来。为我们餐桌服务的是一位操广东口音的服务员。

这位服务员来自九龙，到英国已有 17 年，刚刚熟悉，他就感叹地说："在这里华人好凄苦呢！稍有不好就挨骂，还不敢分辩。"我们问他：生活怎样？他说："生活过得去，可是华人地位很低，有几个钱也没意思。"我们又问他，你还年轻，怎么不读书？他说："读书好贵哇！读了大学也没用，好位子是不会给华人的，在这里印、巴人的地位比华人还高得多。"

从英国报纸报道的情况看，华人在英国从事的职业，主要是经营饭馆，除此就是一些打杂工。过去由于华人要的报酬低，什么苦活都干，失业现象较少。这几年由于英国经济衰退，更多的黑人、印巴人进入杂工行列，华人开始出现失业。伦敦已组织起“华人工友权益会”，该会呼吁：“失业者宜把握空暇，学习其他，加强技能。”

火车站的垃圾筒撤了

在返回伦敦的火车站时，我手头有几张废纸要丢掉。身在异国，事事小心，不敢乱丢。但到处找不到垃圾筒，陪同我们的英国朋友又去找，回来时笑着说：很抱歉，据车站人员说，过去车站上是有垃圾筒的，前几天全都撤了，原因是怕人在垃圾筒里放炸弹。

当火车开了十分钟时，忽然停了。车厢喇叭里宣布了一个消息：前面小桥下，发现了一件异物，正在排除。不一会儿，车开动了，大概是一场虚惊。

伦敦的地铁和公共汽车上，经常可以看到铅印的警告牌，大意是：严防炸弹，如发现有弃置的包裹，要及时离开现场并报告有关当局。这样的事，我们还真的碰到过一次。也是在一个小火车站，有一把椅子上放着一个没有主的女式提包，大家立即靠远站着，很快来了几个警察，进行检查，好像未查出有危险物。

在我们到伦敦前后，伦敦地铁先后发生过几次大的爆炸事件，均有人员伤亡。使馆同志几次招呼我们，尽量少出入公共场所。

格林威治天文台

下午海事处同志驾车陪我们参观格林威治天文台。这里现在是一座大公园，草坪开阔，古树参天。

天文台坐落在一个小山丘上，里面是古天文仪器展览。从古仪器下方，沿着地面引申出一条由铜条镶嵌的子午线，以此划分，东边是东半球，西边是西半球，向东逐次分为中东地区远东地区，由此可见，当时的世界是以英国为中心的。经过一两百年的历史演变，当年号称太阳不落的大英帝国已经不复存在了，只是在这些方面还遗留了一些历史痕迹。在这里照相的人很多，我们也饶有兴趣地照了几张，大家都是一个姿势，分腿站立在子午线两侧，以示横跨东西两个半球。

“海盗船”

公园里有若干个游览点。其中一处是一条古船，这条船很大，帆樯系统布满整个甲板上层，各个舱室都塑有蜡像，驾驶台、机舱、卧室、厨房、木工房等，都有“人”在操作，栩栩如生。船尾还设有一个猪圈，里面还养着几头猪，当然也是蜡塑的。巨大的货舱里，装有大量的印度商品和中国的茶叶。

就这条具体的船来说，不一定就是海盗船，但人们称它为“海盗船”也是有道理的。这几天的参观给我最直观的印象是伦敦古建筑很多，如白金汉宫、议会大厦、圣保罗教堂，装饰着各种各样雕塑的大广场，以及宽敞明亮的火车站等等，都是那么宏伟豪华，从这些建筑中，可以看出，当年英国是何等的富有。这些财富是哪来的？这里面有英国劳动人民的血汗积累，更多的恐怕还是在英国炮舰政策下，从殖民地掠夺来的。据历史记载，18 世纪中期以后几十年中，英国仅从印度掠夺的财富即达 50 多亿英镑。从这个角度，把这条船称为海盗船，并不委屈它。

英格兰南方

英国的地理区域有四个部分，英格兰、苏格兰、威尔士和北爱尔兰，英格兰是主体部分。早在公元 5 世纪左右，欧洲大陆出现过一次民族大迁徙，大批的盎格鲁·撒克逊人，进入不列颠，形成后来的英格兰人，英格兰的原意，就是盎格鲁人居住的地方。

这几天我们一直在伦敦市区活动，陡然进入乡间，有一种从隧道穿行到了尽头的那种兴奋。

英格兰南方十分秀美。这里是浅丘陵地貌，地表略有起伏，圆圆的丘包上下，全是草场和麦地，一片碧绿，蒙蒙细雨中，显得愈发鲜嫩，生机勃勃。在这绿色的地毯上，有一群群白羊在悠闲地走动、啃食，加上树木环绕的村舍，点缀其间，确似一幅油画中的田园风光。

这里的草场、麦地宽广开阔，使人联想起英国的圈地运动。英国毛纺织业发展很早，随着新航线的开辟，这个事业有利可图，圈地运动愈演愈烈，地主和贵族大肆抢占土地，历史上称之为“跑马圈地”。英国资本主义的原始积累，就是从圈地运动开始的。卓越的人文主义代表托马斯·莫尔，在他的《乌托邦》一书中，深刻地描述了当时农民失去土地的苦难，“他们颠沛流离，与他们居住的乡园分手，前程茫茫”，“绵羊本来是那么驯服，吃一点点就满足，现在变得很贪婪，很凶残，甚至要吃掉人”。这就是当时在英国很流行“羊吃人”的说法。

陪同我们的几位先生，特意带我们绕道去海滨度假胜地黑斯廷斯镇。沿途古迹很多，有罗马入侵时的城堡，有英法战争时人工挖掘的运河，有基督教传入英国后古老的教堂，有四五百年前的居民住宅，甚至连第二次世界大战时，英国有一架飞机坠落在田野，现在也顺着地坡，修建起一个巨大的十字。让人感到英国十分珍惜自己民族的历史。

剑桥大学

剑桥大学在全世界享有盛誉，它为英国和全世界培育了很多著名的科学家。这里好像是知识之源，到这里参观，有一种肃然起敬的心情。

到达剑桥后，由于司机对道路不熟悉，在市内转了好多圈，正好让我们饱览市容。这里到处都是典型的欧洲教堂式样建筑，建筑的原色好像是黄的，但由于历史悠久，许多地方已变成黑糊糊一片。据说这些建筑都是剑桥大学的一部分，它共有 30 多个学院，真正是一座大学城。

我们参观了几个学院，游览了剑河，找到了剑桥。剑河是一条很小的河，剑桥也是一座很普通的小桥。可见当初这里是个很一般的地方，是人创造了它的辉煌历史。

在一所教堂式建筑的正厅里，有很多科学家塑像。大家一眼就看出，那个立在大厅正中，带着沉思表情的是建立经典力学基础的物理学家——牛顿。小时候就听说过牛顿躺在一棵苹果树下，树上掉下了一个苹果，善于联想的牛顿，从这种现象发现了万有引力定律的故事。在这里我们看到了那棵苹果树，这树并不高大，按年代计算，牛顿诞生于17世纪中期，这树不像是那个年代的，大概是后人栽植，以寄托对这位伟大科学家的怀念。

柯老板

我们代表团一个同志，在来英国前，有人托他给剑桥一家华人饭馆的老板打个电话。电话打通后，这位老板非常热情地邀请我们去剑桥，主动当我们的向导。

这位老板姓柯，人很精明，十分好客，除带领我们参观外，还招待我们在他开的“北京饭店”用了午餐。饭店的名字很响，实际上只有两间铺面。他是1950年从中国到东南亚，后去香港转到英国的。据他说，刚到英国时生活很困难，先是打工，然后租了个小饭馆，自己开店，现在的经营情况很好。

在英国的华人中，这位柯老板算是很幸运的一位。但是他说：现在我们生活条件是可以的，有洋房，有汽车，还能追求什么呢？又有什么意思呢？身在异国，落叶归根的思绪总是放不下，希望祖国能快点富强起来。

在柯老板的饭店里，碰到了两位在剑桥大学攻读博士学位的中国女留学生，她们在这个饭店打工，每周六下午6时到12时，工作是端盘子、洗碗碟。她们开玩笑说：在家时娇生惯养，到这里为了生计得放下架子，什么都干，也不知怎么就鬼使神差来到了这个地方。

参观皇家植物园

海事处的同志陪同我们参观皇家植物园。这个公园很大，一进入大门，展现在眼前的就是开阔的草坪，青翠悦目。公园里有几座巨大的形式各异的玻璃房，里面栽培着世界各地的珍贵花木，各花房温度、湿度差别很大，有的寒冷，有的炎热，游人需要随时更换衣着。

最使人感兴趣的是，有很多老人和孩子，手里拿着食物，引逗着各种野生的鸟类。这里有孔雀、鸽子、海鸥、野鸭、喜鹊、乌鸦等。有几处还有三两只松鼠，夹在这些鸟类中跳来跳去，它那明亮、机灵的小眼珠和那蓬松硕大的尾巴，在抢食时，显得特别可爱。

英国人非常爱护野生动物，好像已形成为一种社会公德。伦敦市中心有一鸽子广场，这里有成千上万只鸽子，只要看到人们手上有食，它们就蜂拥而上，抢啄你手上的食品，有的落在你头上，有的落在你肩上。开始我们感到好玩，伴着周身飞绕的鸽子，照相留念，后来不敢了，这些家伙会毫无顾忌地在你身上拉屎拉尿。

人类的生存不是孤立的，提高人类的生存质量，必须要有好的环境，保护自然生态，应成为人类文明的一个部分。

"中国的处事方式"

中午饭由港口招待，吃的是自助餐。临别时，我们代表团给港口赠送了一些小礼品，主人非常高兴，但他却笑着说了一句话："这是中国的处事方式。"他的表情和态度绝无恶意，但我们却好像被针刺了一下。

类似的感受还有一次。前些天在一家咨询公司，吃午饭时大家闲聊，该公司董事长兴高采烈地说了一段话，大意是：他一次到中国××省××市，主人请客，从晚上8点吃到夜里12点，上了28道菜，那是他有生以来吃得最好最多的一次，酒也喝得晕乎乎的。听了他这段话，出于礼貌，我还得陪着苦笑，内心却有一种无名的痛楚，这样大吃大喝是友好吗?！是文明吗?！别说中国现在还很穷，就是富了，这样挥霍，也是一种愚昧，只能惹人耻笑。

在英国这段时间里，感到英国人办事很实在，相处很热情，但在接待上却很简朴，到一个单位，顶多是一杯茶，几块饼干，饼干好像都是有数的，一人拿一块就能多出几块，一人拿两块就不够。在牛津客运公司，也是端上了两盘饼干，主人还说了句：这是特意招待来自远方的中国朋友。我们到一个单位，凡是接待计划上没有安排午餐的，得自己设法买饭吃，人家不说什么客气话。

复活节，放假三天

今天开始，英国过复活节，放假三天，我们也只好跟着休息。

在翻阅报纸中看到，前天伦敦市有一万多人举行庆祝取消人头税一周年游行。1990 年 3 月，伦敦市曾发生万人骚动，反对政府实施的人头税，警方出动 5000 名警察，仍未能控制住局势，造成 542 名警务人员受伤，民众有 4 百多人受伤，341 人被捕。

所谓人头税问题，实质是英国阶级矛盾和经济衰退的反映。英国税种中，有一种叫人头税，按人头交纳。而英国的贫富悬殊很大，富人与穷人按人头交相同数额的税，明显是不合理的。而且英国中央政府和地方政府的财政收入，主要靠各种税收，越是穷人集中居住的地区，公共设施和公益事业越差，地方政府为了维护和改善这些设施，就得加大税收，人头税的数额也相对加大。如我们代表团的住址，在开敏顿·唐区，这里是伦敦市穷人区，这个区 1990 至 1991 年度的人头税，高达 500 英镑，而伦敦市富人居住区，最低的只有 150 英镑。经过去年骚动之后，政府被迫宣布取消人头税，但以什么税代替，议会争论得很厉害，至今也没有个解决办法。

据报纸披露，英国目前的失业人数已达200万人，估计到1991年底会上升到270万人，在5000多万人口的国家里，这个比例是相当高的。

我们住地附近有一个小公园，里面坟墓很多，有几个圆顶的破亭子，亭柱间有几条木板凳，木凳上有粉笔画的道道，我们问在英国工作的同志，画这些道道干什么？他说，这里夜晚有一些无家可归的人居住，道道是他们画的界限和记号。

白金汉宫

经鸽子广场向右转，展现在眼前的是一条宽阔的红色大道，据陪同的人说，这就是通向白金汉宫的皇家御道。我们顺路从围墙外观赏了一下白金汉宫。

据说，1762年英皇乔治三世买下白金汉宫后，200多年来，这里一直是英皇在伦敦的御邸。这座建筑端庄宏伟，装饰豪华。最有趣的是守卫皇宫的禁卫军，一色头戴黑茸茸的熊皮帽，红衣蓝裤，锃亮的皮靴，持枪立正站在岗位上，一动不动，恰似泥塑金刚。人们说这些卫士都是精选的美男子，我特意凑上去想一睹尊容，但他们的帽子压得很低，把眉毛眼睛都挡住了，加上钢盔的系带连嘴巴都看不清楚，到底如何，难以评说。

英国早在17世纪，资产阶级革命就取得了胜利，至今已有300多年，但封建社会的象征仍保留至今。

英国的民众和国会议员中，对皇室的存在，特别是对皇室享受豁免缴税特权非议很多。有人提出应终止皇室免税特权，有的提出最低限度应以捐款形式向政府捐出相等的入息税。

据报章披露，英女王是世界上最富有的女人。1990年英女王仅从国库获得的津贴即达509万英镑，1991年还将上升到790万英镑。1990年英王室日常生活开支中，厨房200783英镑，酒窖71230英镑，洗衣63700英镑，花圃37950英镑，游园213650英镑。从这个账单中可以窥见英王室是何等的奢侈。

参观大英博物馆

大英博物馆规模很大，从简介上看，有大大小小 94 个展厅。我们走马观花地转了一圈，已到中午，也弄不清看了多少厅。总的印象是展品十分丰富，荟萃了人类历史以来的文化艺术瑰宝。

展品的主要部分，都是来自世界的一些文明古国，如埃及、古两河流域、希腊、罗马、印度等。埃及的一根记载着法老事迹的石柱，高约 10 米，造型别致，字迹古朴，极其精美，是公元前 1250 年的古物，大约相当于我国的殷商时期。这些历史珍品，多有残损。年代悠久，风雨剥蚀是重要原因。另一方面是人为的损坏，许多壁画、浮雕，布满人工击凿的斑斑痕迹，有些大型的人面兽身雕塑，明显是从山体上凿下来的。奇怪的是名为大英博物馆，却没有看到英国的展品。在参观过程中，大家对人类璀璨的历史文化赞叹不已，但对各国人民创造的这些无价之宝，怎么都集中到这儿来了，颇有感慨。

中国馆按序列是 91 号展厅。当我们走上楼梯口的转弯处，就看到两边墙上各有一幅巨大的中国壁画，一边是“北方护世多闻天王”，一边是“南方护世增长天王”，正中有一尊约 4 米高的汉白玉佛像，佛像对面有一排铜铸的古钟，每口钟上都铸有中文，其中有一口铸着：“国泰民安，镇守广东、广州等地”的字样。我们看这行字，不禁苦笑，自己从太平洋被搬到了大西洋，已是自身难保，还镇守什么？展览馆内全部是中国瓷器和佛像。有一只元朝的瓷盘，盘内有几十个栩栩如生的人物像，标有晁盖等梁山好汉的名字，上方还有“忠义堂”三个大字。据说由于中国的古文物太多，这个展览馆的展品是经常更换的，英国正准备专门修建一座中国馆。

我们在参观威尔士时，那里的博物馆内，也有很多中国的古文物。前些天在访问一家咨询公司时，交谈中偶尔谈起颐和园，英国的一位先生笑着说：我的祖辈曾是八国联军的一员，参与了烧毁中国的圆明园，我虽然没有责任，但我要表示歉意。至今我还保存着一件中国古物，作为珍品锁在我的抽屉里。对他的这个表示，作为中国人也算是得到了一点慰藉。假若中国人民不是在东方重新站起来了，人家恐怕连这个客气话也无需说了。

英国交通见闻

英国是世界上经济发展最早的国家的之一，交通运输现代化程度比较高，交通运输的行政管理，经过长时期的摸索，形成了比较稳定的一套模式。由于社会制度、历史传统、经济发展程度以及地域等情况的差异，他们的一些做法，不一定适用于我国，但作为比较、研究，还是很有借鉴价值的。

（一）

我们这次赴英，是由国务院引进办作为交通专业高级人员培训，通过英中文化协会安排的。

抵英后，国务院引进办驻英办事处的老庄同志，再次转达了英方主办单位的两点要求：第一，希望大家在听课时，要就交通专业多提实际问题。英国有个传统习惯，讲课过程中可以随时提问，授课人认为能够提出问题，说明听课人对他的讲课是认真的、尊重的，他也可以通过听课人的提问，了解听课人的需要和接受程度。第二，希望能在访问结束时，有一份访问成果的报告。为了说明这两点要求的重要性，老庄还说了一个例子：英国有个接待单位，到中国了解几个即将赴英的专业培训对象，其中有一位，当问他赴英接受培训的目的时，他堂而皇之的说了一通增进中英友谊之类的话。接待单位对此很不满意，认为专业培训，应提要研究的实际问题，取得具体成果。增进友谊之类的话，那是外交家们的事。这种求实精神，很值得学习。

我们这个团赴英考察的重点，是了解和研究英国政府交通部门的行政管理体制。

英国运输部主管人事、机构的负责人接待了我们，重点介绍英国运输部的机构和职能。但由于我们对英国太生疏，他谈的很多情况我们不理解，对我们提的问题，他似乎也有些茫然，答非所问。深深感到两国在交通行政管理和机构设置上差异很大。这里只能记几个要点：

1. 英国运输部由运输大臣主管，他是英国交通运输决策人。运输大臣是有党派背景的。在介绍中，他们称运输大臣为政治家，随着选举有任期限制。除运输大臣外，其他都是政府雇用的公务员，具有专业知识，由他们负责交通运输的实际工作，没有任期限制。

2. 运输部统一管理各种运输方式，包括公路、铁路、水运、民航、城市交通。目前共有工作人员 14000 人，其中 7000 人在下层单位的执行部门工作。

3. 运输部本部设 9 个主要业务部门，分别管理各方面的业务工作。部下设若干执行机构，全国设 7 个交通运输管理办公室，负责营运证及客运线路的审批和重型车驾驶员的考证；全国设车辆、司机发证中心，下有 53 个车辆登记办公室，负责全国车辆和车主的登记及征税工作；全国设车辆检测中心，下设 92 个检测站，负责对客、货车的检测和路查。这些管理部门，直接由运输部领导，不受地方政府的制约。

4. 对地方交通的领导，由于历史的原因，英格兰由运输部直接领导，苏格兰、威尔士和北爱尔兰则由地区的大臣府领导，运输部通过大臣府对这三个地区的交通运输实施宏观管理。

5. 英国运输部直接负责英格兰地区高速公路和干线公路的建设与养护。下设 7 个地区办公室，分别负责若干个郡的公路规划和组织实施。运输部负责的高速公路和部分干线公路的里程约占全国公路总里程的 4% 。

总的印象是，英国运输部对企业主要是宏观指导，但在行政管理方面是很集中的。

（二）

在伦敦经济学院，一位教授为我们讲授英国运输经济概况。讲课中展示了很多的图表和数字。这里仅记几个观点：

1. 英国政府自撒切尔夫人上台后，不断在推进私有化。现在除铁路、伦敦市地铁和伦敦市公共汽车以外，其他都是私人所有，包括公路运输、水运、港口、机场，伦敦市外的客运、伦敦市出租车等。现还在酝酿铁路也要实行私有，公路建设要吸收私人资本。

政府对私有化运输企业，唯一的要求是维护环境和确保安全，这方面有很多规定和限制。投资、经营、运价、盈亏政府都不管，目的是促进竞争，减少政府负担。

2. 目前英国还保留了一部分国有交通运输企业，这些企业设立董事会，董事会成员由运输大臣指定，遵循大臣指示，投资项目通过预算额度控制，由运输大臣批准。但企业有权处理内部事务，自定经营方式和服务标准以及运价。

3. 英国铁路和公路完成货运量情况。20 世纪 30 年代铁路完成的运量很大，到 1979 年铁路货运量只占社会总运量的 10%，现在进一步下降到 7.7%，主要原因是，英国的货运短途多，长途少，公路运输更经济。他还提供了一组周转量数字，全国旅客周转量，公路占 93%，铁路占 6%，航空占 1%。全国货运周转量，公路占 62%，铁路占 8%，水运占 26%，管道占 4%。

（三）

运输部官员向我们介绍了英国的货运情况。运输部设有主管公路货运的机构，主要是三部分工作：一是公路货运管理；二是处理对欧洲共同体和其他地区的公路货运事务；三是对英国境内地方公路货运管理机构进行直接领导。

运输部不直接搞公路货运，过去全国有几个大的国有化公路货运企业，现在已全部私有化。运输部的职责是制订政策和规章，这些政策和规章，不是限制企业的发展，也不限制企业的具体经营活动，主要是为了安全和环境保护，如发证发照、汽车检测、驾驶员职业行为监督等。

英国现有公路货运企业 13 万个，500 辆车以上的大型企业 15 个，共有营运货车近 50 万辆。

公路货运中，自货自运的比例呈下降趋势。15 年前，工矿企业自货自运比重占 70% 到 80% ，现在已下降到 40% ，专业运输承担的货运量约占 60% 。

（四）

我们的活动，有一周由欧文·威廉姆斯及合伙人有限公司接待。

这是一家以公路工程为主的咨询公司。全公司 350 人，在国内外设有分公司，总部在伦敦，有 60 人。在英国国内的公司，主要业务是接受英国运输部的委托，进行公路工程项目的前期工作和工程监督。英国 1957 年开始建设的第一条高速公路，就是这家公司规划、设计的。在他们介绍情况时，对此特别引以自豪。

据介绍，英国建设公路的大体程序是：运输部根据经济发展需要和车流量情况，提出建设某一条路的意向，通过招标委托咨询公司进行前期工作，包括交通调查、现状评估、线路选择、占地研究、成本分析以及与地方政府协调等，然后写出综合报告，提出整个方案，报运输部审定；运输部选定最佳线路后，由运输大臣下达线路建设方案。根据这个方案，再征求沿线占地拆迁户的意见，如果有人反对，解决的办法，一是相互谈条件；二是进行民意测验。如反对的人很多，或是修改线路，或是由司法等部门进行调查评估，作出公开报告，报运输大臣决定。按国会的授权，运输大臣可以下达强制性征用土地的命令，这以后才开始设计和委托施工单位施工。

介绍这套程序时，主讲人说了一个例子：1987 年欧文公司接受委托，在英格兰东南部地区，建一条 5. 5 公里的 A 级公路，在征求沿线公众意见时，多数人对两个方案都反对，运输部要求欧文公司修改方案，第二次征求公众意见，终于获得 60% 公众的同意，最近公司已向运输部写出报告，等待大臣审定。

英国公路建设的前期工程做得十分认真仔细，值得借鉴，但程序繁琐，周期很长。据公司介绍，一条路从立项、规划、设计到建成，平均都在十几年。前面那条 5. 5 公里 A 级路前期工作已做了 4 年，现在初步确定 1994 年开工建设。

（五）

从伦敦滑铁卢站乘火车前往拉达尼尔镇，到英国运输部直属的交通运输与公路研究试验场，参观了他们的试验，并听取了他们的介绍。

在介绍中，他们重点谈了英国公路交通安全方面的有关情况。结合前一段的了解，我们对英国交通安全管理，逐步形成了一个轮廓印象。

英国各级政府交通部门，把搞好交通安全作为重要职责之一。英国运输部对公路建设提出三个指导思想：一是促进经济发展；二是减少运输成本；三是改善安全条件，有利环境保护。伦敦大学教授在介绍情况时说，英国对公路建设的投资评估，主要考虑三个因素：节省时间因素占 80%，减少事故因素占 15%，车辆运行成本占 5%。

英国公路交通安全管理，由运输部全面负责，警察的职责主要是处理事故和对肇事者进行起诉。对高速公路和城市周围道路的监控中心，有的是交通部门管理，有的是警察所在部门管理，相互提供信息，协作配合。

政府交通部门管理交通安全，主要抓以下几件事：一是制订交通安全方面的有关规定。二是在公路建设和养护的规划、设计、施工中，把安全和环境保护作为重要因素。各公路建设在招标条款中要有明确的安全要求，标志标线要同步设计，公路养护施工要确保道路安全畅通等。三是在高速公路和国家干线路以及各地的城市周围道路，建立现代化的监控系统。四是普及安全教育。各级政府和交通部门都设有安全教育机构，教育从儿童抓起，对骑自行车的人，不仅进行一般安全知识教育，有些地区还进行专项技术培训。五是对安全的管理。运输部设立了很多相应的机构，如司机发证中心、车辆检测中心等。

正因为英国政府交通部门，对安全采取了一系列的综合治理措施，英国公路交通安全情况是比较好的。1988 年公路交通死亡人数为 5050 人，英国民用汽车总拥有量为 2300 多万辆，万车死亡人数是比较低的。据他们说，政府还将进一步采取措施，争取在本世纪末，死亡人数再减少三分之一。

（六）

我们在南约克郡，参观了欧文公司承包的一段公路养护现场，并听取他们的介绍。

5 年前，英国政府决定，运输部直接管国家干线和高速公路的养护，也是采取招标形式，分别委托私人咨询公司和承包商承担。咨询公司承包公路养护的职责是：按运输部的规范和标准，对养护路段进行调查，作出养护工程承包书，对日常养护，提出具体养护指令，并负责养护工程监督。修补施工由承包公司负责。

英国的公路养护管理手段，现代化程度很高。他们把路段按纵向、横向分成几万个坐标点，每天有人上路检查，两人一组，每人有一个手提式电子记录器，随时将路段情况记录下来，再输入微机，由微机进行综合处理，得出哪些路段在哪些坐标点上，需要做什么样的修理。根据这些资料，向承包公司下达维修指令，承包公司按照指令进行维修。

在养护现场，正好遇到工人们在维修高速公路上的地线灯。据现场管理人员介绍，过去进行这种作业需要封锁交通，造成大量阻车。现在采取一辆工程车在前面维修，后面跟着 5 辆车，每车间隔 50 英尺，总长度达 200 多英尺，各个车都打开工程信号灯、指示标，向后面行车发出警告，效果很好，既按时完成养护工程，又不影响车辆的正常通行，也能确保安全。

（七）

加的夫城距伦敦 260 公里，这是我们到英国以来，行车看路最远的距离。

英国目前的公路总里程是 37. 8 万公里，其中干线公路 1. 57 万公里，在干线公路中，高速公路有 3000 公里，所有公路均是油路面或水泥路面。英国的国土面积为 24. 4 万平方公里，人口为 5700 万。从这些数字看，不论是路网密度、人均占有里程、公路等级，与中国相比都是很高的。

英国公路的分布，绝大部分集中在英格兰地区，公路网的密度很高。我们行驶在高速公路上，到处可以看到支线口，尤其是上了立交桥，四通八达的线路，穿梭般的车辆，令人眼花缭乱。

从威尔士返回，已是傍晚，在快到伦敦时，天忽然下起瓢泼大雨。这时正是车辆进出城的高峰期，8 车道的高速公路上，小车头尾相接，一辆挨着一辆，来去两个方向，一边是红色的尾灯，一边是白色的前灯，在滂沱大雨的水雾中，缓缓游动，犹如两条巨龙，在云层里翻滚，十分壮观。

（八）

我们在伦敦工业大学，听取了交通运输教研室主任介绍英国客、货运输和公共交通的情况。集中地谈了有关取消客、货车营运证和取消客货运输一些限制性规定的问题。

1984 年前后，英国政府陆续取消了伦敦以外地区的长途客运、地方客运和货运的营运证，以及一些限制性规定。公民购买汽车后，只要向运输部直属的运输管理委员会按规定办理手续，交纳一定的费用，就可以参加客、货营运（但取得车牌和驾驶证有严格的要求）。车主可以自由选择线路，不定班定点，自定运价。这样做目的是为了促进汽车与火车竞争，促进新车主与老车主竞争。

几年来实施的结果，据这位教授说，竞争确实激烈了，汽车客运价格，在伦敦以外地区大幅度下降，目前汽车的客运运价，大体只相当于火车的 50% 到 70% 。这样给乘客带来了利益，也迫使火车要降低运价。但也产生了很多新的问题，客流量集中到伦敦附近和繁忙路段，造成严重的阻塞、耗时；一些边远不好的线路，车主不愿去，迫使政府不得不以招标的形式给这些线路的车主进行补贴；由于汽车客货运价压得太低，小的运输企业和个体运输，只好依附于大企业，造成运力的不合理分布；还出现一个现象，由于汽车不定时、定班，再加上阻塞严重，客源反下降了 13% 。总之，在很多方面与政府原来的设想相背。

（九）

埃塞克斯郡，在伦敦的东北部，人口 150 万，在英格兰 44 个郡中，是比较大的一个。郡的下一层是行政区（他们称行政区是地方政府），行政区下面是教区，大体上相当于我们的行政村，是最基层的行政组织。

郡议会是最高领导机构。该郡的议会有 99 个议员，分成若干个委员会，分别管理郡内各个行政部门。埃塞克斯郡有 8 个行政委员会，如教育委员会、图书馆委员会（包括州内档案管理）、公路委员会、警察委员会、残疾人委员会、消防委员会、保护消费者利益委员会等。议员通过委员会，对郡内各方面行政工作进行决策。每个议员可以同时参加几个委员会，但由于郡议员没有薪金（国家议员有薪金），本身要有职业，因此一般只参加一个或两个委员会。

郡议会公路委员会下面，设公路局，是委员会的执行机构，人员是聘请的（他们称是政府雇员），这些人多半是专家、技术人员，不受政治影响，没有任期限制。

郡公路局的主要职责是：郡内自己道路的建设和养护，使用好现有道路，包括疏导车流、设立标志标线、查处违章，以及交通安全。

郡财政收入1990年至1991年度，共7.8亿英镑（三个来源：中央政府拨款占16%，地方税收占71%，其他占13%）。在这个总收入中，教育经费占40%，公路占8%。

公路经费中用于建设和养护的约占61%，用于公路交通安全的约占15%。郡新建公路项目，如能得到运输部门的批准，中央政府补助50%。

据他们介绍，当前郡的公路建设，主要存在两个问题，一是经费不足，财政拨款越来越少；二是公路建设周期太长，一般需6年左右，主要是公众抵制，拆迁征地很难。

（十）

从伦敦乘火车向北，大约40分钟即到郡议会所在地。这个郡也设有公路局，但它除负责公路建设、养护外，还负责旅游发展。

主人重点向我们介绍了郡设立的交通控制中心。全郡有400套交通信号、监测、通讯系统，基本上覆盖了全郡主要城市、交通枢纽和干线路段，可以随时了解各处的车流量和运行状态，遇到堵塞和异常情况，能够及时下达指令，进行处理和疏导。据他们说：道路管理好，可提高公路20%的通过能力。

当我们从该郡返回伦敦时，在经过它的城市立交桥时，前面发生了事故，道路形成阻塞，正在我们议论的时候，只听后面有警车和工程车的喇叭声，一辆车急速驶到前面处理事故，一辆车下来几个人，迅速搬下临时路标，指挥车辆从另一条路绕行，反应确实非常灵敏。

上午 11 时乘火车到伦敦北部一个汽车运输货场考察。这个运输货场为塞斯科尔商业公司所有，负责向 82 家超级市场运送食品和饮料。货场分两大部分，一部分是仓库，一部分是运输。

仓库按不同温度，分摄氏零下 20 度、0 度、自然温度三个大的库房，每个库房有进出车道，全自动封闭。货物进出、传输、上架、分送、提取，全部由微机控制，连胡萝卜、大白菜、土豆、鸡蛋等小包装，都印有微机识别标志。运输车辆都是厢式大型货车，每个货车可装 50 个带轮的小货箱，类似滚装运输。其中多数货车，分为三个温度层，这三层的大小还可进行任意调整。

该运输货场不仅现代化程度高，更重要的是以运输连接点，把产运销结合成一体，这种经营方式，值得借鉴。我们中有人开玩笑说：“难怪英国的大葱要三块钱一棵。”

（十一）

我们乘火车到拜得贝镇，这里是英国国营货运公司总部。所谓国营，这是历史沿袭下来的名称。1969 年成立这家公司时，是国有企业，1982 年，卖给了私人，实行企业内部股份制，成为私有企业。几年来，企业效益逐步上升。

这家公司目前是英国最大的一家货运公司，有 3 万名职工，货运汽车 15000辆。

这家公司的最大特点是，专业化程度很强，总公司下面设有各种专业运输公司，如为货主单位进行收发货运输、油罐运输、冷藏运输、特快专递运输、搬家运输、大件运输、小汽车专业运输等。由于集装箱运输竞争太激烈，而且这种运输方式是门到门，比较简单，不易形成优势，所以公司没有参与。

第二天到国营货运公司下属的两个公司考察。

一是特快专递运输公司，这个运输公司类似我国的零担运输，1000公斤以内的各种货物都运，最小到一本书。与邮政的分工，政府规定邮件可以送到家，他们只送到单位。该公司的服务特点是，对运达时间有严格要求，最长3天，一般都是当天送到。因此，这个公司的标志，是一只奔跑的猞猁。据主人说，猞猁是动物中跑得最快的。

该公司在国内外有货场35个，车头350台，货箱1200个，拖斗1100个，职工3500人。1990年完成运量6800万件，约占英国特快专递总量的7%。

据主人介绍，他们对职工有四条要求（或称企业精神）：一要树立企业形象，包括送货车辆要清洁美观，绝不做顾客不愿做的事；二要守时，说什么时间送到就什么时间送到；三要保证物品完好，不出差错；四要确保安全。

我们还考察了牛津工业区货物运输中心，这个货运中心是多功能的，有很大的库房和重型车辆，现代化程度很高，是面向社会服务的专业货运公司。

公司的汽车分两种方式经营：一是自己搞运输，包括与货场相结合的固定运输、与货主单位订立货运合同的承包运输以及临时运输；二是出租货车，可以租车，也可以连司机一起租用；出租期有3至5年的长期出租和一至两年的短期出租；长期出租的可以改变车的外貌，也可以漆上租用单位的标记；在租用期间，汽车的维修保养由中心负责，在维修期间中心负责调车顶替，以保证租车单位的使用。这种出租汽车的业务，约占总车辆的一半。

我们特别感兴趣的是建立货场和出租货车业务。据他们说，这种经营效益很好，拓宽了服务领域和服务深度，有了相对稳定的货源，促进了运输向专业化方向发展，对托运方也有好处。第一，可以减少固定资产投资，少交固定资产税赋；第二，有利于商品的集中和运输，对生产厂家和销售点，都减少了流通中的中间环节；第三，可以减少托运方和租用方的机构和人员，也免除了对运输安全的责任。

他们还举了一个实例。货物运输中心与牛津一家生产小汽车的工厂签订了合同，承包该厂的外协件和成品运输。国内外有250家企业为这个汽车厂提供协作件，每周处理8千箱货，全部由中心运到自己的货场储存，并将储存件输入计算机。这套计算机系统与汽车制造厂计算机联网，因此工厂和中心能同时得到信息，工厂需要什么？需要多少？可以及时运送。这种做法，双方都很满意。

从我们考察的几家大型货运公司看，在经营上有几个共同的特点：一是向专业化方向发展，形成自己的特长和优势；二是不断开拓多种经营方式，提高服务深度；三是强化运输与货源之间的联系，为运输企业取得相对稳定的货源。

（十二）

英国国家咨询局，听名称好像是行政机关，实际不是，类似中国的行业协会性质。该咨询局有70多家会员单位，都是各种专业的咨询公司。我们已经访问过几家咨询公司，都是这个咨询局的成员。

咨询局的主要活动内容是：与各方面交流情况，沟通信息，为各会员单位提供咨询需求。看了他们印发的一本有关港口方面的咨询项目单，包括港口规划、港口建议、港口管理、港口机械、港口仓储、运输等等，应有尽有。咨询局共有8位工作人员，具体咨询业务，全部由成员单位承担。

英国有各种各样的咨询公司，从我们已访问的3家咨询公司看，他们的机构不大，人员不多，但技术力量雄厚，技术手段先进，而且不受政府制约，比较超脱、客观，对政府和企业的科学决策具有重要作用。

咨询局为了接待我们，邀请了七八个成员单位进行座谈，当谈到英国的管理体制时，好几位先生都表示说不清楚。有一位先生打了个比方：如同踢足球，国家只管踢球规则，至于怎么踢就用不着管了。

（十三）

到牛津访问，第一次乘坐英国的长途客车。车站规模不小，但没有候车室，只在站房的墙边设有一排坐椅，没有检票口，买好票即可自行上车。9 时整，我们看到车站同时发了 6 班车，都是大型客车，最多的一辆车上有 20 几名乘客，其中有一辆车，只有两名乘客。

到牛津按计划是访问牛津工学院，不巧负责接待的教授有特殊事情外出。在这里碰到了两位中国的学者，他陪我们访问了牛津长途客运公司。算是临时加进的一个项目。

公司的老板非常热情，领我们把公司的各个部门看了一遍，连他们的轮胎库房也看了。该公司所用的轮胎都是租的，用坏了由出租单位修理。据这位老板说，这个公司 4 年前是国有的，后来卖给了他，买价是 300 万英镑。买卖双方的协议规定，10 年内不得转卖，如转卖要给国家上交 50%。公司实行股份制，工人合计占股票 25%，几位老板占股票 75%。目前这家公司有客车 130 辆，旅客实载率为 50%，有盈利。

英国的长途客车和公共汽车，都是一个司机，没有售票员，在上车的门边有一台售票机，旅客通过打票机打票上车。当我们问有无票款流失现象？老板迟疑了一下说：很少见，若发现这种情况就立即开除。

返回伦敦乘坐的是英国式的双层车，我们坐在上层，视野倒很开阔，但心里直犯嘀咕，这种车跑高速路行吗？跑了一段以后，才知道这种车马力大，制动系统很灵活，跑得很快，居然能超小卧车。

（十四）

在前一段考察过程中，我们感到英国筑路工程的周期比较长。切莫尔公司，也是一家工程咨询公司，他们又介绍了一个公路工程事例：A27 号公路，长度为 15 公里，属中央政府建设的项目，从 1972 年开始委托该公司进行前期工作，一直到 1989 年才开始施工，用了 17 年时间。

为什么前期工作拉得这么长，据他们介绍，主要原因是公众抵制。其一，英国人的私有制观念特别强，法律规定，私有财产神圣不可侵犯，征地、拆迁很难，往往为一块地、一所住宅谈不下来，公路就得绕着走，重新设计。其二，公众对环境要求很高，认为修路会破坏环境、造成污染，形成“乡村城市化”，失去田园风光。

（十五）

多佛尔港，是英国与欧洲大陆距离最近的地方。这里很有特色，海边是雪白色的陡峭岩壁，在岩壁的最高处，有一座规模宏大的古堡，据说它已有一千年的历史，按此推算，大概是史称“诺曼征服”时期的遗迹。

多佛尔港是以轮渡业务为主的港口，是沟通英国和欧洲大陆的水上桥梁。轮渡方式主要是滚装运输，年货运量 1300 万吨，客运量 1500 万人次，同时还运一部分载货火车。

英国港口，全部为私人所有。这个港除防波堤外，其他全部是私人通过贷款投资建设的，总投资额 1.4 亿英镑，到 1993 年，可以全部回收完。据介绍，这个港口当前面临一个严重威胁，1993 年，英国和欧洲海底隧道将要通车，届时情况，难以预计。他们开玩笑说：我们将拼命竞争，有可能成功，有可能跳海。

（十六）

英国港口联合公司（ABP）总部，这家企业原为国有，1983 年为私人购买，成为私人企业。该公司现有 22 个大小港口，年吞吐量约一亿吨，占英国港口总吞吐量的 25%。1989 年税前利润为 5700 万英镑，1990 年为 6000万英镑。

联合公司设董事会，港口设港口经理，经理对他的港口全权负责。政府对港口的管理，主要是法规，有些超出港口以外的工程项目，如集疏运道路，需要提请政府解决。运输部负责证照检验，海关负责货物检验，卫生部门负责卫生检疫。

据他们介绍，私有化后港口有几个变化：

1. 人员逐年减少。1988 年为 5175 人，1990 年为 2941 人。现在全公司基本不提供劳动力服务，只从事管理，装卸业务全都承包给装卸公司。一个港口有好些装卸公司，有的有机具，有的租用港口机具，它们之间相互竞争很激烈。

2. 港口经营多元化。利用港口有填海造田的优势，从事房地产业务。最近还买了一家货运公司，与港口形成体系。

3. 对个别年久失修的小港口，改变服务方向，干脆出租地皮，建成游览娱乐场所。

（十七）

伦敦有大伦敦小伦敦之分。小伦敦大约只有 1 平方公里，是伦敦老区，英国金融机构的集中地。今天我们访问的麦肯纳及合伙人公司就坐落在这里。

该公司类似法律事务所，有职员 650 人，其中 70 人是合伙人。接待我们的有 5 位是合伙人，其中有一位是主要负责人。

据主人介绍，这家公司已有一百多年的历史，服务对象主要是为政府、投资者、承包合同人和各种咨询机构提供法律服务。一种是法庭上的工作，一种是法律咨询。

在英国这一段时间里，我们一直想了解英国的立法程序和交通运输方面的成文法规，问来问去问不清楚，今天听了他们的介绍，得出的大概印象是：西方国家的法律体系，分为大陆法系和英美法系。法国等欧洲大陆的法律结构一般比较单纯，都是成文法，也就是制订法，没有判例法。而英美法系，法律结构形式较多，主要是判例法和制订法。英国的法律，一部分是由议会制订的，如议会通过了一项建设工程，在这个项目中的有关规定，就具有法律效力，以后依此办理；一部分来自大法官判定的案例，这些案例中的有关规定，就具有法律效力。他们认为，在处理法律事务中，把这两部分法律依据结合好、平衡好，是至关重要的。前者是国家规定的，一般较多考虑国家利益，而后者则较多地考虑公众利益。

（十八）

由伦敦乘火车一直向南，约一个多小时，就到达南安普敦港口，这里已是英国的最南端。

南安普敦港是英国港联公司（ABP）的一个较大港口，主要从事滚装、旅游和集装箱运输，年吞吐集装箱 30 万个，汽车 26 万辆，散货 100 万吨，食品 15 万吨，石油 300 万吨。由于港口功能的变化，他们把一个小港区的陆地和水面建成娱乐区，据说在复活节这一天，有一万只小游艇到这儿的海面游弋。

主人介绍情况中，有两点很有意思。

其一，这个港口的历史变化。这个港口始建于十九世纪末期。1814 年英国史蒂芬森发明了蒸汽机车，从这时开始，英国掀起了建筑铁路的高潮。到 1949 年年底，英国的铁路通车里程达到 9500 公里，当时的港口是为铁路服务的，属于铁路系统。随着海上贸易发展，旅客运量增大，港口逐渐与铁路分离，走上独自发展，主要从事邮轮和旅客运输，在这方面当时南安普敦港在全球享有很高的声誉。到20世纪60年代，出现了大型喷气客机，港口客运下降，港口服务方面被迫进行调整，开始发展集装箱、滚装运输和旅游事业。这个介绍，很有点哲理。历史是发展的，运输必须要相适应地不断调整经营方向和经营方式。

其二，对私有化有两种不同看法。有几位先生认为私有化好，可以在竞争中把工人的积极性调动起来。在二次世界大战时，装卸工人很艰苦，采取国营办法，由政府保护是必要的，现在是和平时期，再用这种办法，就把人养懒了。另外有一二位先生认为，私有化竞争太激烈，成天处在紧张的气氛中，对人的压力太大，想一想还是公有制好。

（十九）

根据我们的要求，增加了一个项目，访问英国运输部直属的英国汽车检测中心总部。总部设在英格兰埃文郡首府布里斯托尔镇。

首先参观了这个地区的车辆检测站，这个站承担货车和公共汽车的检测。检测项目分四个部分：车辆外观、发动机性能和排气、制动系统、灯光。货车检测一次收费28英镑，公共汽车收费30英镑。接着参观检测总部办的培训中心，对象是检测技术人员，要求是讲授检测规范和技术要求。

参观后到检测总部听取情况介绍和座谈。

这个中心原是运输部的一个部分，最近在管理方式上作了些调整，运输部把人、财、物的权力下放给总部，成为既是运输部的一个单位，又具有一定的独立性，可以自主地处理一些问题，在财务上实行自负盈亏。

这个中心的职能，主要是两项：

第一，负责全国车辆检测，其中货车和公共汽车由这个中心直接检测，全国设有92个直属的检测站。小卧车由私人维修厂检测，这些维修厂的检测资格，要经中心批准，检测的质量，中心负责检查督促，不符合要求，中心有权停止他们的检测资格。

第二，负责上路检查，主要是检查超载和超时驾驶，同时参与汽车事故调查，主要是调查检测方面有没有问题。

中心共有2000人。以上两项任务，大体上各有1000人。去年完成卡车检测100万辆，公共汽车10万辆，私人小卧车1500万辆。

检测中心与运输部直属的车辆发证中心、驾驶员发证中心，同属一个级别。这三家通过计算机联网，相互沟通信息，加强工作中的协作。如路查中发现车辆和驾驶员有什么问题，及时向那两个单位通报，由那两个单位分别作出相应处理。在这次座谈中，我们对英国公路运输管理机构作了些询问，据他们介绍，英国运输部在全国派有七个运输委员，每个委员领导一个办公室，负责三项工作：一是发放营运证；二是发放重型车辆驾驶员证；三是批准客运线路。这个情况好像与前面听到的线路完全放开，似乎有些矛盾。

《交通大讨论》纪实

1989 年 5 月，有一天钱永昌部长找我到他的办公室对我说：现在社会上对建设高速公路有些负面反映，据说有本杂志上的意见还很尖锐，这个情况要引起我们重视，能不能同《人民日报》商量一下，在报纸上作些正面宣传，报道集中一点，声势大一点，使社会各界能够更好地了解交通、关心交通、支持交通，具体实施由你们司抓一抓。

根据钱部长要求，司务会确定，由政策研究室制订方案、组织稿件，由新闻处负责与《人民日报》联系。方案提出后，部党组很快听取了汇报，会上确定商请《人民日报》共同组织一次“如何尽快改变交通运输滞后局面”的讨论。要正面宣传，组织文章时要强调以综合运输体系为主轴，五种运输方式要发挥各自优势，协调发展。

部内方案确定后，立即开始同《人民日报》联系。当时，我是交通部新闻发言人，新闻处设在政策法规司，平时与新闻单位的记者接触较多，相互都很熟悉。《人民日报》联系交通部的记者是张国荣，他联系交通部的时间比较长，对交通系统的报道很热心，上上下下关系很好。当我与他商讨“方案”时，他当即表示赞同，并将向报社领导汇报请示。

没过几天，《人民日报》就有了反馈意见，表示支持开展这个活动。为了落实有关事宜，我陪同王展意副部长到《人民日报》拜访了报社领导，主要确定了以下几件事：一是为了扩大宣传效果，发表的稿件要相对集中。《人民日报》每周刊出一块版面，每期登出 4 ~ 5 篇文章，重点稿件另发。二是分头组稿。交通部负责交通系统内的组稿，《人民日报》通过记者站向社会组稿，包括征求一些不同意见的稿件。关于商请部分省、市领导撰稿，由交通部和报社分头进行。三是大讨论的起始时间，根据组稿进度确定，《人民日报》负责写一篇综合论述，以便引导讨论。

交通系统的组稿工作，先后开了三次会议，第一次是约请部内有关司局领导，商讨了两个问题。一是请各司局根据各自分管的业务，对《交通大讨论》提出要求和议题；二是提供撰稿人名单。第二次是约请交通系统部分专家学者，商讨了大讨论议题，并确定撰稿人。第三次是撰稿人会议，了解稿件起草进度，协调解决稿件起草过程中的问题。

《交通大讨论》于 1989 年 8 月开始见报，第一期版面安排了 5 篇文章。由于种种原因，中间有些间断，大体上保持了一至两周出一期，每期 4 ~5 篇文章，一直延续到 1990 年 2 月，期间共发表了 45 篇文章。在《人民日报》开展讨论的同时，《中国交通报》、《中国河运报》也开展了相应的讨论。在讨论之初，《人民日报》发表了记者张国荣的综述文章“敢问路在何方”，为大讨论提供了引导。

《交通大讨论》得到了各级领导和社会的广泛支持，为讨论撰稿的作者和单位有 6 个省的省委书记和省长、副省长；有国家计委、国家科委、国家经济技术发展研究中心、解放军总后勤部、中国国际工程咨询中心、中国交通运输协会、中国汽车工业联合会等单位的领导和专家、学者；有交通部的两位副部长，有关司局的司局长，若干省的交通厅长和交通系统的专家、学者以及从事交通工作的基层干部。

大讨论涉及的问题很广泛，比较集中的是以下三个方面。

第一，经济要发展，交通要先行。

参加讨论的同志普遍认为我国交通运输的发展处于滞后状态，是制约国民经济发展的瓶颈。《人民日报》记者张国荣在文章中写道：“我国每平方公里仅有103米公路，只相当于发达国家的5%～20%，在将近100万公里的公路中，有80.54万公里是四级路和等外路，国道、省道上还有很多断头路、危桥、人力渡口，成为‘联不上、愁断肠’的一大心病”。贵州省省长王朝文在文章中写道：贵州省“每年需要由铁路运输出省的物资约有700万吨排不上队，积压在铁路沿线待运的物资常在200万吨以上；公路总里程虽有3万多公里，但由于等级公路只占总里程的30%，通过能力低，极不利于城乡经济交流，特别是农民‘难买难卖’的问题仍很突出”。

很多同志认为，要加快交通建设，首先要解决认识问题。河南省副省长刘源在文章中写道：交通上不去，关键是要“冲破传统观念和旧思维的束缚。长期以来，我们没有把交通运输放在发展经济的主导地位，而囿于‘小生产部门’和‘以路养路’的思维，把交通运输摆在‘客体’、‘附属’位置，因此，在实际工作中产生了‘只工不交’和‘重工轻交’的倾向”。辽宁省省长李长春提出，要加强四个方面的认识：一是“要想富，先筑路；一个村、一个地区、一个省都是如此”；二是“抓住了能源、交通，就抓住了经济建设的牛鼻子”，“电力紧张，煤炭不足，重要原因也是运力不足”；三是“基础设施是对外开放的前提条件，能源、通信、交通是基础的基础”；四是“改革的深化，要求政府从主要抓微观转为给企业创造一个良好的外部环境，加强能源、交通、通信的建设，正是外部环境的重要内容”。

加快交通发展，国家要采取扶持政策，要正倾斜，不能反倾斜。国家科委科技促进发展中心副秘书长金履忠在文章中提出：“目前国家对交通这个基础产业实际上采取的不是扶持政策。对交通投资极少，比例又不断下降。从1953年到1988年，交通基建投资只占全国基建投资的14.4%（世界银行认为发展中国家应占20%～28%），其中1953年到1978年为15.3%，1979年至1988年反而降至13.4%”。贵州省长的文章中也提出类似情况："一五"到"八五"期间，贵州全省工农业基建投资增长了3.3倍，而交通只增长了1.7倍。

在讨论中有同志提出，目前发展我国交通事业面临三种选择，一是国家对投资结构进行较大调整，使交通运输得到超前发展；二是维持现状，使交通继续处于滞后状态。其中第一种选择受国民经济发展水平和财力的限制，难以做到；第二种选择明显不可取，应尽力避免。第三种选择是采取适当的倾斜政策，使交通运输逐步实现基本适应国民经济发展的需要。有关投资政策的倾斜问题，很多同志在文章中提出了很多的看法和具体建议。

第二，完善综合运输体系，充分发挥各种运输方式的优势。

讨论中大家一致认为，我国五种运输方式，目前都处于滞后状态，必须在发展过程中逐步完善综合运输体系，更好地发挥各自的优势。

交通部副部长王展意在文章中写道，要"立足于提高整个国家的综合运输能力，适应国民经济需要来考虑，从提高经济效益和社会效益出发。""目前，我国的五种运输方式，都还不能适应国民经济发展的需要，都应该有一定的发展，不存在一种运输方式挤掉另一种运输方式的问题。""我赞成这个观点，即：几种运输方式统筹规划、合理分工、扬长避短、协调发展。"

从工业化国家交通运输的发展过程来看，随着经济和社会的发展，综合运输体系会有某种调整，并在发展和调整中逐步完善。交通部公路规划设计院副院长庞俊达在文章中写道："世界各国的交通运输业，大体都经历了水运发展阶段、铁路发展阶段、公路和民航发展阶段、综合运输体系协调发展阶段这样一个发展过程。以美国和前苏联为例，他们近三四十年的总趋势是，铁路仍然承担着大量的运输任务（主要是大宗散货和长途货运），但在综合运输中所占的比例正逐渐下降，公路、水运在中短途货运有明显增长，长途客运和快件货运逐渐以民航为主；中、短途客运则逐渐以公路为主。”

国家计委产业政策司副司长孙鸿光和工程师李振中，在文章中提出交通运输“需要改善五种结构”。一是改善公路运输与铁路运输结构。1988年各种运输方式完成的国内客货周转量中，铁路分别占52.5%和42%，由于分工不明确，宜于公路的短途运输，宜于民航的长途客运，宜于管道运输的成品油，宜于水运的中、长途货运，都大量压在铁路上。二是改善公路等级结构。我国现在的公路等级低、质量差，四级以下公路占81.7%，混合交通问题严重，必须适当修一些汽车专用路，充分发挥公路网效益。三是解决汽车车种构成不合理、吨位偏低的问题。四是要改善专业车辆与社会车辆的结构。五是要改善公路建设的投资结构，首先要按照国家产业政策对交通运输投资实行重点倾斜；另外对投资体制和投资主体结构也要调整和完善，划清中央和地方的投资范围，实行分级建设、分级管理。

公路运输是综合运输体系中最为活跃的一种运输方式。交通部计划司副总经济师阎庆彬在文章中写道：“随着国民经济的发展，人民生活水平的提高，人们对旅行的方便、舒适、及时，对货物运输的准时、快速、安全、保质有了新的愿望，迫切要求在客、货运输中能够尽可能减少换乘、换装，节省时间，加速周转。”“而公路运输是最为灵活，可以提供门到门服务”，“正因为如此，要想富、先修路，已成为广大群众的呼声”。中国交通运输协会副秘书长王德荣在文章中写道：公路运输“在工业发达国家，它不仅成为短途货运的主力，在一些中长途货运中也占了很大比重，在客运方面已成为中、短程客运的主要方式”，“特别是八亿农民在农村，农业经济的发展，星罗棋布的乡镇与城市间，大量的、分散的、小批的物资交流日益频繁。而公路运输机动灵活、送达速度快、投资少，正适合上述经济的发展要求”。

开发利用水运资源，在完善综合运输体系中具有战略意义。国家计委经济研究所研究员林发棠在文章中写道："发展内河水运的优越性是十分明显的。如美国的内河通航里程为4.2万千米，相当于铁路营业里程25万千米的13.4%，而内河加大湖区所承担的货物周转量则占了国内货物总周转量的16%，为铁路货物周转量的三分之一。在全部运输费用中，内河仅占2%，如以河运成本为1，则铁路为4，公路为13"。湖南省省长陈邦柱在文章中写道："湘江和洞庭湖流域区，工农业产值占全省的84%，它意味着湖南经济首先是依靠水运发展起来的，以后靠铁路、公路加速了它的发展。如果我们不重视水运，就是忘记了历史"。中共湖北省委书记关广富在文章中写道："湖北主要工农业生产能力，都集中在长江、汉江沿岸和江汉平原的河网地区，这个贯通水运地带的工农业总产值占全省的90%左右。以湖北交通运输结构看，铁路运输十分紧张，公路运输又很难完成大宗、长途运输任务，而水运则有巨大的优势"，"水运与铁路、公路的衔接和结合，一举数利，而不是兴此废彼"。

第三，发展高速公路，势在必行。

发展高速公路是世界交通的发展趋势。交通部办公厅主任张树青和办公厅调研室主任唐杰在文章中介绍了世界高速公路的发展过程和趋势。"世界上修建高速公路最早的是德国，1928年至1932年就建成了从科隆至波恩的第一条高速公路，现已有高速公路8050千米。美国1937年建成了加州高速公路，到1984年已达到83000千米，贯穿美国东西部地区的高速公路，全长4556千米。法国1946年开始建设高速公路，到1984年已有高速公路6243千米。日本1957年修建了名古屋至神户高速公路，现有高速公路3900千米，计划到21世纪初，高速公路将发展成7600~10000千米。英国1958年开始建设高速公路，现有高速公路3000千米"。"目前世界上有高速公路1000千米以上的国家有西班牙、荷兰、南非、比利时、韩国、墨西哥、奥地利、澳大利亚等。苏联和东欧社会主义国家以及很多发展中国家，如亚洲的新加坡、泰国、马来西亚、印度、菲律宾、朝鲜等也已先后开始修建高速公路”。

交通部公路科学研究所研究员张祖荫从六个方面阐述了高速公路的优越性：一、所能适应的汽车交通量，二级汽车专用路可提高约67%，一级汽车专用路可提高约260%，四车道高速公路可提高约460%；二、汽车平均运行速度，一般二级公路平均为42公里/时，与之相比，二级汽车专用路可提高约28%，一级汽车专用路可提高约32%，高速公路可提高约90%；三、交通事故率，外国经验平均每一亿车公里交通事故死亡人数可降至2人左右，我国平均亿车公里死亡约30人，为高速公路的15倍；四、通过的客货运量，一般二级公路一年约可通过430万换算吨，而一条四车道高速公路一年约可通过4600万换算吨；五、运输成本及燃料消耗，采用大吨位汽车后，高速公路运输成本及燃料消耗比一般公路约可降低30%～50%；六、公路用地，承担每一亿换算吨公里客货周转量四车道高速公路所需用地比一般二级公路可节省450亩。

中国需要发展高速公路。交通部公路科研所一级研究员曾威认为：“我国公路连起码的干线网还未形成，我认为改善公路滞后状况的当务之急，是要从战略上集中全力首先实现全国公路主骨架的建设，改变目前头痛医头、脚痛医脚的被动局面”。中国国际工程咨询公司高级经济师周明在文章中写道：我国现在的公路不仅数量少，更为严重的是标准低、质量差。“我国大部分公路都是从农村小路、大车道发展起来的，线形差、线路长”，“加之各种非机动车辆、行人在路上混合通过，因此车速低、事故多、成本高”。“浙江省拟修建从杭州到宁波的高速公路，全长170公里，比现有里程缩短70余公里，若按时速85公里计算，只需要2小时即可到达，比现有公路需7小时、铁路约需6小时，缩短很多”。内蒙古自治区姚宗南认为：“发展公路要有超前意识，世界上多数国家，在确立公路发展战略时，不是在经济高度发达，积累了大量资金的条件下确立的，而是在一种较低的经济水平，甚至比较困难的情况下确立的”。交通部教授级高级工程师先立志、交通部公路规划设计院韦承瑞在《中国需要高速公路》的文章中写道："修建高速公路的基本依据是交通量而不是人均国民生产总值。目前不少发展中国家人均的国民生产总值并没有达到1000美元，但却在积极修建高速公路，因为交通运输是随着一个国家的社会和经济发展而发展的。""高速公路不仅仅是为小汽车服务的。当一条公路交通量达到一定限度以后，就会造成拥挤，汽车行驶速度和运输效率降低，油耗大、事故多，为了解决这些问题，就需要修建高等级路包括高速公路"。

我国修建的第一条较长里程的高速公路是沈阳至大连的高速公路，这条路的组织实施是由辽宁省交通厅厅长连承智负责的。他在文章中说："沈大高速公路实践的回答是，在经济比较发达，交通量比较大的地区，不仅需要修建（高速公路），而且要加快步伐"。并就沈大高速公路的功能作了阐述："沈大高速公路连接沿线五大城市、三大港口，缩短了城市与城市、城市与港口、沿海与内陆之间的距离。港口扩大了腹地，内陆城市变成了港口城市，带动了城市群的建设，促进了城市群体功能优势的发挥"，"随着辽宁对外开放的不断发展，迫切要求流通加快，交通调整。沈大高速公路是改善投资环境的必要条件之一，它把大连经济技术开发区、营口鲅鱼圈出口加工区、沈阳铁西工业区，三个对外开放先行区紧密连接在一起。""这条公路设计通过能力为每昼夜5万辆次，年货运能力8000万吨，客运能力1.3亿人次。车速每小时100公里以上，过去沈阳到大连需要12小时，现只需要4小时"，大大提高了经济效益和社会效益。

以上仅摘录了部分文章的片段，从这些论述中，可以大体上看出这次交通大讨论，具有相当的广度和深度，是成功的。从那时到现在已将近20年了，情况发生了很大的变化，实践在发展，认识也在发展，但过去的那段，作为一个历史的过程，将永远值得记忆。

在大讨论告一段落以后，交通部政法司政策研究室将大讨论中形成的文章汇编成《交通大讨论文集》，为社会广泛关注的这次活动画上了句号。

《老交通　话交通》文集　2008 年

记述交通发展中的几个标志性口号

“文化大革命”后，在我国交通运输的发展过程中，出现过一批具有标志性的口号，其中如：“我国交通（结构）应该是‘三三’制”、“在水字上做文章”、“有河大家走船，有路大家走车”、“建设公路主骨架、水运主通道、港站主枢纽”、公路主骨架实现“两纵两横”和“五纵七横”等。这些口号来源于实践之中，来源于群众之中。它凝聚了交通部几届党组对我国交通事业发展的思考和追求；它展示出我国交通事业由小到大、由低到高的发展历程；它记载着全国数百万交通职工以自己的智慧和汗水，创造出我国交通发展史上前所未有的辉煌业绩。

1975 年，交通部恢复了政策研究室的建制，我一直参与和主管政研室工作，前后十七年。由于工作关系，对这些口号产生的背景和过程有一些了解，现根据回忆记述如下。

（一）

新中国成立后，我国交通事业有了很大的恢复和发展，但直到改革前仍然很落后。

1975 年潘琪副部长带领公路局、政策研究室几个同志到河南辉县了解情况，总结经验。辉县的山区是太行山脉，到处是崇山峻岭，绝壁悬崖，别说车行道，人行道也是绕山而行，隐约于陡坡乱石之中。我们去的郭亮大队，几十户人家散居在山顶上，他们祖祖辈辈上山下山全靠一条“天梯”相通，所谓天梯，就是在一座绝壁上，依势开凿出一条几十米高的石头阶梯，仰首上望，恰似一条登天的梯子。这个“天梯”又陡又窄，很不规则，人们上山下山都只能一个人走，大小东西都只能一个人背着上下，所以山上的猪不能养大，养大了就背不下山了。山上的气候寒冷，粮食产量很低，人民生活处于极端贫困之中，可是山上到处是山楂树，收获季节，成堆的山楂烂在山上。为了改变这种状况，郭亮大队像辉县山区其他大队一样，在党的领导下，以战天斗地的精神，劈山筑路，他们在“天梯”背后的峭壁上，用几年的时间，凿开了一条可以行走小型拖拉机的道路。这条道路有些路段是山洞，有些路段是紧靠山壁，从一侧望下去，深不见底，十分险要。在开凿这条绵延几百米的石路时，没有任何机械设备，完全靠人工用钢钎和少量的炸药一寸一寸打通的。到我们去参观时，路还未完工，山洞里回荡着槌击钢钎的丁当声。走在这些工程里，不由得心灵震撼。我们几个人都写了调查报告，我写的题目是“人民自有回天力，敢叫高路入云端”。

在调查的过程中，我们在几个大队分别开了几次座谈会，当请他们谈谈要求时，几乎是异口同声地表示：我们不要工钱，不要饭食，只是希望上级给我们补助一些钢钎和炸药。这是多么朴实，多么起码的要求。这一点点的物资，在今天可以说是微不足道的，但在那时，硬是没有办法解决。因为公路建设和养护，属于省、市地方管，交通部没有这方面资金，而地方交通部门，仅有一点养路费，由于车辆少，收入少，养路资金捉襟见肘，很难拿出钱用于道路建设。同时还由于当时是计划经济，资金渠道统得很死，酱油的钱不能用于买醋，即便能调剂出一点钱和物，也不能用于这里，否则就违犯财经纪律。

这种情况，潘副部长向党组作了汇报，1976 年交通部在辉县召开了全国交通工作会议，号召全国交通系统，学习辉县人民自力更生战天斗地，改变交通落后面貌的奋斗精神。从会上交流的情况看，辉县山区的交通困境是有代表性的。不仅在山区，平原的交通也很落后。1978

年底，我国公路通车里程只有 89 万千米，能晴雨通车的不到一半。而印度在 1969 年公路总里程已达到 97 万多千米，相比之下，我们差得很多。

1977 年叶飞部长率团访问了欧洲，1978 年郭健副部长率团访问了美国，两位领导先后在部内介绍了考察情况。当时出国的人员还很少，对他们介绍的情况，有一种凉风拂面的感觉。其中有两点给我的印象很深，一是说美国现在已是扒铁路，修公路；二是说荷兰一个鹿特丹港就有 651 个泊位，货物吞吐量 2.8 亿吨，超过我国上海、天津、大连、秦皇岛、青岛、黄埔等几个大港货物吞吐量的总和。

时过不久，叶飞部长在一次部务会议上提出：“我国交通（结构）应该是‘三三’制”。叶部长当时讲话的大意是：先进工业国家大体上铁路、公路、水运是“三三”制。而我们国家一谈交通运输，眼睛盯在铁路上多，公路、水运排不上，至多只看到港口，这样就不可能做到交通先行。

“三三”制主要是针对国家的投资计划说的。当时在三种运输方式中，铁路直属中央，投资列入国家计划，相对比较资金多点；水运的主要部分也是直属中央，有点投资，但比较少，主要用于沿海港口；公路属于省、市管，不列入国家计划，基本上没有投资。这种情况严重制约了公路和水路交通的发展。为什么这两种运输方式投资少或不投资呢？除当时国家经济比较困难外，很重要的原因是对这两种运输方式在综合运输体系中的地位和功能认识不足，那时在社会上比较普遍的一种观点是，公路运输只能完成短途、分散、零星的客货运输，至于长途的、大宗的、专业化的运输，只有靠铁路，正因为这种认识，公路建设就难以排上国家计划，在计划经济体制下，列入了计划就有相应的人财物，没列入计划就什么也没有。

据说，叶飞部长在国务院综合部门召开的一次会议上，鲜明地阐述了

“三三”制观点，并要求把公路建设列入国家计划。由于种种原因，叶飞部长这个意见未被采纳。

尽管“三三”制在当时难以实现，但从以后发展的情况看，对我国综合运输体系的结构调整是具有战略性指导意义的。

（二）

大约在1978年后，交通部党组提出了“在‘水’字上做文章”，要求把工作侧重点放到水路交通上，尽快改变水路交通的落后面貌。

当时的情况是，随着我国经济发展，进出口贸易迅速增长，港口吞吐量加大。1977年外贸物资达到4600多万吨，已经超过港口的吞吐能力。1978年上半年外贸进出口物资比1977年同期增长了50%。这时我国沿海万吨级以上泊位总共只有131个，每日能有80到90艘船进港作业，可是1978年4月底进港船舶140艘，5月底增加到187艘，6月中旬达到210多艘，出现了严重的压船、压港、压货的“三压”现象，1978年仅租轮和国轮因“三压”造成的经济损失即达到9000多万美元。那时沿海主要港口是交通部的直属企业，“三压”给交通部造成巨大压力。另外在交通部主管的公路交通和水路交通这两种运输方式中，港口的投资，是列入国家计划的，交通部在港口建设计划和资金使用上，既有责任也相应有些权力，可以做点文章。而公路交通则没有这种条件，交通部手上没有一把米，难做无米之炊，只好进行一般性的政策指导。每年交通工作会议，省、市交通部门的代表，最集中的意见就是认为交通部偏向部属交通，忽视地方交通。

“文革”后的几年，我国国民经济处于恢复和复兴阶段，百业待兴。各行各业都提出了“振兴”的口号。“振兴水运”和“在水字上做文章”，大体上是同时提出的。1981年一次党组会上，彭德清副部长传达中央领导的讲话，其中说道：我们国家现在正处于中兴时期，要“中兴中华”。

当时几位部领导就议论起来了，我们水运究竟怎么提，是继续提“振兴水运”、“在水字上做文章”呢？还是改提“中兴水运”。“中兴”一词，出于汉朝光武中兴的典故，我国水运一向落后，不存在“中兴”，大家一致认为还是继续原来的提法。有同志表示“在水字上做文章”更具有水运交通特色，避免千篇一律地提“振兴”。

“在水字上做文章”当时提出的设想很宏伟，其中内河水运要求在若干年内沟通全国南北五大水系，形成内河水运网。对内河运输船舶现代化也提出了一些要求。在起草交通工作会议文件时，有位领导提出要买20条气垫船，放到长江参加营运。这个提议使我们几个文件起草人很为难，这能落实吗？会后只好请示当时主管水运的彭德清副部长。彭部长明确表示：不能写，现在长江航运服务对象主要是农民，农民挑着粪担子能上这种船吗？

根据前几年水路交通的发展情况，1981年交通部党组提出了进一步振兴水运的十条任务。主要设想是：运洋船队“六五”期间，发展到1500万吨；港口建设“六五”期间，沿海港口万吨级以上深水泊位达到200个；内河航运主要是长江干线重点航道的疏浚、港口改造，西江广州至贵县段建设和京杭运河济宁至扬州段的扩建等，长远的设想是，逐步对几大水系进行开发利用，建立内河航运网。这时的设想，比之过去更加具体更加实际了。

自1978年提出“在水字上做文章”之后，经过几年的努力，水路交通的三大块都取得了不同程度的发展。远洋运输通过贷款买船，发展的势头很好。到1982年底，远洋船已发展到538艘，1037万吨，承运了由我方运输外贸货物的70%以上。港口建设加大了老港区的改造更新力度，同时有一批新港区、新港口先后投入建设，从1981年开始到1985年，形成了我国港口建设的第二次高潮。相比之下，内河航运建设，困难较大，进展缓慢。在水运建设上，部领导付出了艰辛的劳动。有一次随彭部长出差厦门，住在鹭岛宾馆，当时正在筹划东渡港扩建，彭部长在港区忙碌一天，回到宾馆又发烧又拉肚子，同志们劝他休息他不肯，还在看有关材料。

（三）

“有河大家走船，有路大家走车”，这是李清部长在1983年全国交通工作会议的报告中提出来的。这个口号简明易懂，具有鲜明的交通特色，它提出了交通改革中最核心的问题，直接冲击了交通部门几十年来的统一货源、统一调度、统一运价“三统”管理。这个口号一提出，立即受到社会上的广泛关注，新华社、《人民日报》在第一时间内进行了播发和刊登。它在交通系统改革的起步阶段，对冲破传统观念、促进思想解放、推动改革深化、促进运输生产力发展，具有里程碑的意义。交通系统的改革，经历了一个非常艰难的认识过程。大约在20世纪80年代初，政策研究室接待了吉林省两位农民来访。这两位是养蜂的，他们想租一辆车到长白山放蜂，车有了，钱交了，可是在省内层层申报，就是不批准，理由很简单，个体户能不能搞运输，上级没有批文。他们对这个答复不满意，认为这不符合中央精神，农户都包产了，为什么不能搞个体运输。这个问题在今天当然不是问题，可是在当时使我们感到十分为难，两位农民讲的有道理，农村联产承包，就是个体经济。但这能不能适用于发展个体运输呢？谁也说不清楚。我们经过多次研究，并请示有关领导，拿不出一个明确意见，既不好说不同意，也不好说同意，只好含糊应付，原则上表示支持，但报批手续必须到地方交通部门办，实际上是一种敷衍。当时那两位农民的期望眼神，至今印象深刻。

交通运输承担着人和物的“空间位移”，在国民经济的各部门中有它的特殊性，它不仅点多、线长、流动、分散，而且是多层次、多渠道、多形式，加上长期在计划经济体制下，形成的一套管理理念、管理机构、管理模式、管理方法，要想改变是很困难的，牵一发而动全身，正如当时人们所说的，“一抓就死，一放就乱”，“死”也不好，“乱”也不好，领导面临艰难抉择。

随着农村改革的深化，国民经济的恢复和发展，客观要求城市改革要加快步伐。当时中央对政府一些部门的改革进程，颇有批评之意。有一次部领导传达中央一位负责同志的指示，大意是：现在中央是正确的，积极推动改革，广大群众也迫切要求改革，问题是中间一层动作迟缓，存在一根“顶门杠”。这段话分量很重，尽管没有具体讲“顶门杠”指的是哪一层，但对相关的一层领导都有压力。

“有河大家走船，有路大家走车”这个口号提出后，在交通系统内部反应十分强烈。政研室曾多次组织力量，先后到安徽、湖北、河南、四川、福建等省的地、县进行调查。个体运输户和小型集体企业对这个口号是拥护的，但那时这部分运输力量还很弱小，他们在有当地交通主管部门参加的座谈会上，顾虑较多，不敢直言。而各级交通主管部门和国营运输企业，则是一片唏嘘声，反映的主要问题：一是地、县运输企业，多是社会主义改造时期创建发展起来的，现在这样干是不是走回头路，社会主义道路还要不要坚持；二是个体运输，以各种方式逃避税费，以不正当手段抢拉货源，它们不承担国家赋予的社会义务，国营和集体企业无法与他们竞争，这些企业垮了，不仅大批人员失业，今后谁来承担抢险救灾以及各种突发事件的运输任务；三是交通运输的“三统”管理，是新中国成立后逐步形成的一种有效管理方式，打破这种管理方式，将会造成管理失控，甚至形成社会动乱。当时各地确实出现了很多事件，国营、集体、个体相互围堵站点出口，在线路上拦截斗殴等。基层同志们在谈这些情况时，情绪激动，甚至声泪俱下，既反映了他们对社会主义的交通事业具有高度的责任心和深厚感情，又反映出他们对改革进程难以理解的痛苦心情。

但是，改革是大势所趋，放宽搞活是改革开放初期的重要举措，必须继续推进。1985 年 3 月，在全国交通工作会议上，钱永昌部长在讲话中根据 1984 年 8 月中央书记处第 149 次会议对交通改革开放所作的重要指示，强调提出："坚持放宽搞活的方针，进一步调动各方面力量，共同发展交通运输事业，真正做到各部门、各行业、各地区一起干，国营、集体、个人以及各种运输工具一起上。"从而进一步推动了交通运输的放宽搞活。

(四)

"三主一支持"的长远设想，是在我国国民经济的发展、改革不断深化的条件下，长时间酝酿和各方面工作的积累逐步形成的。

20 世纪 80 年代中后期，钱永昌部长曾多次率领交通部有关司、局的司、局长，到很多省、市进行调查研究，我曾随同到上海、连云港、厦门、兰州、新疆等地。在这些调查研究中，对东南沿海的港口布局，上海港的发展规划，以及建立欧亚大陆公路桥，打通从连云港向西延伸，经过山东、安徽、河南、陕西、甘肃直到新疆的霍尔果斯的公路干线等，与各个地方政府的领导和交通部门的同志，进行了广泛的交流和探讨。在研究欧亚大陆桥时，由于沿线各省的受益有很大差别，各省对修建这条道路的积极性有高有低，大家深深感到，如果交通部能有一批资金，进行政策性调剂，问题就好解决了。当时，还有一些研讨活动，对"三主"的形成，也有一定的酝酿作用。1988 年底，在武汉召开了第五届中心城市交通研讨会。这个研讨会是由南京等省会城市交通局发起，部政策法规司参与的定期研讨活动。这次研讨会主要是研究运输市场问题。钱部长全程参加了这个会议，作了主题报告，听取了小组讨论并召开了到会的交通厅长座谈会。在这个会上钱部长提出建立有形运输市场问题。交通运输要成网，这个网必须要有结，这个结就是有形运输市场。为了将这个观点深化，会上确定由政策法规司的政研室和南京、上海、重庆三个市的交通局，各自提出一个方案，一年后再集中讨论。第二年在南京市讨论了四家提出的方案，并草拟了一份文件。会后南京等市交通局，对有形运输市场进行了试点。

为了筹集公路建设资金，交通部在调查研究的基础上，积极向国务院汇报有关情况，争取对公路建设特别是高等级公路建设，给予政策和资金的支持。1984 年 12 月，国务院第 54 次常务会议对公路建设资金来源确定了三项政策，同时允许采取发行股票筹措建设资金并积极吸取和利用外资。这些政策的逐步落实，使公路建设有了稳定的资金来源，缓解了建设资金不足的矛盾，对加速我国公路建设具有决定性意义。

1984 年上海的沪嘉高速路和辽宁的沈大公路相继开工建设，全国不少省、市也先后开始了高速公路建设的试点。到 1989 年全国高速公路达到了 263 公里，一时间建设高速公路出现了一种雨后春笋之势。由于高速公路投资大、占地多，在中国还是新事物，它的功能究竟如何，尚未经过实践检验，因此，在社会上出现了很多负面反应，有些意见还相当尖锐、激烈。在这种情况下，部党组认为需要对交通建设特别是高速公路建设进行正面宣传，使社会各界更加了解交通、关心交通、支持交通。经过一系列的准备，交通部与《人民日报》共同举办了“交通大讨论”。从 1989 年 8 月到 1990 年 2 月，每周在《人民日报》开辟一个专门的板块，每期板块刊登四五篇文章。整个讨论期间，加上《中国交通报》、《中国河运报》共发表文章一百多篇。这个讨论得到了社会的广泛支持，为大讨论撰稿的有省委书记、省长、部长、专家学者和广大基层工作者。讨论的效果比较好，为我国公路建设的发展，特别是高速公路的发展，提供了有力的舆论支持。

“三主”设想的提出，是我国交通发展史上的重大转折。新中国成立以来，我国公路建设的方针，一直是“普及与提高相结合，以普及为主”，在“三主”设想提出的同时，部党组经过研究，对这个方针进行了调整，改为“普及与提高相结合，以提高为主”，从此，我国公路建设进入了一个新的历史时期。

（五）

提出“三主一支持”后，为了具体实施“五纵七横”公路主骨架的建设，交通部又相继提出首先建设“两纵两横”、建设“两纵两横和三个重要路段”的重大决策。

1992 年，以邓小平南巡讲话和 3 月中共中央政治局会议为标志，我国改革开放和现代化建设进入了一个新的阶段，对交通运输提出了更高更迫切的要求。交通部于同年 7 月提出《关于深化改革、扩大开放、加快交通发展的若干意见》，其中提出交通运输到 2000 年上新台阶的目标之一就是联结我国主要经济区域的“两纵两横”4 条国道主干线基本以二级以上公路贯通。当时对“两纵两横”的具体说法是“沿海、沿江、沿陇海线、沿京广线等 4 条国道主干线”。

1993 年 1 月召开全国交通工作会议，黄镇东部长在讲话中再次强调：2000 年交通运输上新台阶的主要目标之一是联结我国主要经济区域 100 多个省会、中心城市、重要口岸的“两纵两横”国道主干线基本贯通。

1993 年 6 月，在山东召开的全国公路建设工作会议上，黄镇东部长又明确提出：必须下定决心，集中力量，首先抓好“两纵两横和三个重要路段”建设。“两纵”：一是从黑龙江的同江到海南的三亚；二是从北京到珠海。“两横”：一是从连云港到新疆的霍尔果斯；二是从上海到成都。三个重要路段：一是从北京到沈阳，二是从北京到上海，三是西南地区出海通道。

由此开启了具有重大历史意义的“两纵两横和三个重要路段”建设

阶段。各省、区、市都先后加大了高等级公路的建设速度，在统一规划下，全国形成了打通公路干线的大协作，我国公路建设进入了快速发展的时代。

《老交通　话交通》文集　2008 年

读《“五纵七横”国道主干线基本贯通》的新闻报道有感

按：《中国交通报》2007年12月18日报道，经过15年的建设，总规模3.5万千米的“五纵七横”主干线已基本贯通，其中高速公路占76%。读后兴奋不已，即兴作诗一首，以抒情怀。

“五纵”连接南北，
“七横”贯通东西。
她像一条条乌龙，
蜿蜒于祖国的青山绿水之间，
她像一根根银线，
把华夏大地串联在一起。

曾几何时？
交通“瓶颈”，八方告急：
川江的橘子烂了，
太行山区还有老乡在攀爬“天梯”，①
港口堵塞啦，
旅客们在寒风中拥挤站立。
焦急啊！
人们在叹息、在期盼、在呼唤：

“货畅其流、人便于行”，哪年哪月才能到来？
您为什么如此难以寻觅。

“改革开放”暖化了寒冰冻土，
在那值得纪念的1982年，
沈大公路像一弯彩虹冉冉升起。②
从那时到现在仅仅15个年头，
这在历史的长河中只是“白驹过隙”，
高等级公路的网络之花，
就盛开在960万平方千米的祖国大地。

这是中国的速度，
这是不朽的奇迹。
在这辉煌的成就里，凝聚着：
领导者的谋略，
科技人员的智慧，
建设者们的汗水。
光荣的交通人！
人民感谢你们，
历史将记载着你们的丰功伟绩。

注：①太行山区有些山村，由于没有道路，在峭壁凿出层层石阶，由此上下，惊险万分。抬头望去，犹如“天梯”。

②沈大公路是沈阳到大连高速公路的简称。

2007年12月19日

后　记

本书中有两篇文章是与唐杰、付国民、杨咏三位同志共同撰写的，感谢他们的合作。

“访英散记”原文是日记形式，《中国交通报》发表时，苗木同志在结构上作了调整，谢谢他的帮助。

本书的出版得到了人民交通出版社的支持，致以衷心的感谢。

2013 年 8 月